房市專家
徐佳馨

【全新暢銷增訂版】

房市專家教你買一間會賺錢的房子

目錄

CONTENTS 目錄

CONTENTS 目錄

申辦房貸六大步驟，你一定要知道

CONTENTS 目錄

Part 2 看房子，該注意哪些問題？

不同屋齡和房型，如何挑選？六大看屋重點，一定要知道！

你的觀念正確嗎？買到「會賺錢」的好宅，三大祕訣大公開！

八招必殺技，用「夢幻價格」買到理想好屋

CONTENTS 目錄

CONTENTS 目錄

Part 3

如何選擇有良心的好房仲？

了解自己的需求，看穿話術背後意涵，把握黃金殺價時機！

CONTENTS 目錄

Part 4 掌握簽約、交屋前「絕不吃虧」的四個要點

合約要載明，費用要清楚，就能避免交屋後發生的各種糾紛

CONTENTS 目錄

Part 5 留意三個細節，第一次賣屋就上手

從自家屋況決定出售管道，用舊屋完成你換新房的計畫

Part 6 避免八個常見糾紛，別讓新屋美夢變訴訟噩夢！

買屋途中停看聽，七個方法讓你買得安心，住得開心！

CONTENTS 目錄

增訂版序　不可不知的最新熱門房市議題

對一個首次出書的作者來說，我無疑是非常幸運的，除了住商總部的支持，在出版過程中還得到不少貴人幫助，夏韻芬小姐與李同榮理事長的推薦，陳進義代書的大力襄助，期間更有許多同業先進不吝提點，讓我獲益匪淺，媒體朋友也對我諸多關照，謝謝各位的一切，我都點滴在心，也謝謝上天讓我在這段時間能和讀者朋友與先進有更多互動與體會。

感激每一位在過去這段時間給這本書指教與建議的朋友，讓這本書有機會漸臻完美，也期許透過這本書，未來能給更多消費者在買賣過程中更多的幫助。

本次修訂補充了讀者朋友來信反應還可以寫得更清楚的重購退稅、法拍、登記等部分，同時在這個房地政策重新檢討的大時代，書中的法規條例也隨之更新，如有不及與未逮之處，也請各位持續指教。

生命是一場豐富的盛宴，也是一場超乎想像的奇幻旅程，最終，機會與夢想是留給有準備的人。願天佑台灣，也祝福所有朋友，都能在成家之路上順利達陣。

徐佳馨

二〇一四年十月十日

前言

學會「買屋換屋」，一輩子受用，上班族才有翻身的機會！

踏進房產業，是人生意料之外的旅程

說起來，我也算是走投無路才來到這行的。那時前東家出了點狀況，風聲鶴唳之下，想想留下來可能比走出去還要慘，仗著青春年少，二話不說就遞了辭呈開始找工作。

只是沒料到，工作還找得挺久的，讓找工作少有吃虌的我也慌了起來。現在回頭看，也許老天爺是要磨一磨我的氣盛，不然可能早就換了工作，也不會有以後的故事了。

▼沒賣過一間房子，卻被錄取了

也許是和這行業有緣吧，加上住商不動產也挺有膽子的，眾多履歷之中竟然選了我這個沒相關經驗的進來，說實話，當時心中並無鴻鵠之志，單純不過就是補足職場地圖上還欠缺的公關資歷，與混一口飯吃。這一路走來，從剛開始連一平方米等於幾坪都不知道的菜鳥，到現在能多少給朋友一點建議，應該歸功我的師父——林倩小姐，感恩她的高EQ與高IQ，和無私的傾囊相授，我才得以穩穩踏出第一步。

▼賣了老房子，買了新家，才知道這行學問大

房地產真的博大精深，看似入手容易，著實有它複雜之處。**其一，做為金融產品與資金配置的要角，房地產並不遺世獨立，而與政策、經濟等面向息息相關。**

房地產的複雜之二是，涵蓋法規極多，對於一個非本科的門外漢來說，能夠一窺這領域堂奧，不只要用功，還得有貴人，除了進修，更多虧住商夥伴和同業朋友們的協助與不藏私，加上後來賣了舊房子，買了新家，有了實務經驗後，對買賣交

易才有概念，而親友與記者們遇上包含房客自殺、祖產分配不均、夫妻撕破臉、都市更新等種種疑難雜症，和業內流傳的江湖奇案等等外界聽不到的故事，在一次次交流中，讓我有了更多的體悟與累積，也多虧我的工作內容得要快速消化，言簡意賅的陳述給媒體朋友，一來一往之間，快速累積經驗值。

▼感恩每一位給我舞台的貴人

這本書能夠付梓，最要感謝的是核果文化出版社：阿洛、秉薇、培英和Holly，畢竟市場多的是比我資深的前輩，比起來我頂多是個小朋友，也還好他們的耐心與誠意，讓我有勇氣可以做不一樣的事情。此外，感恩住商的吳耀焜董事長，與陳錫琮總經理的授權與支持，用公司30多年的資源全力支援這一切，因為，我知道不是每一位老闆都有那麼大的度量。

最後，感恩大家的愛護與包容，希望本書可以協助讀者在買賣房屋的過程中，平安且圓滿。

【住商不動產企劃研究室主任暨發言人】
徐佳馨

Part

1

買房子，該準備多少錢？

買屋是夢想，不是負擔！
精打細算，買屋費用常見的十個問題

問題1

沒有自備款，能買房子嗎？

「沒有自備款也能買房子」的時代確實曾經存在過，93年在這波多頭初始之際，銀行現金過多，為了鼓勵大家購屋，新房子的貸款成數往往能貸到9成5以上！當年即使手頭沒有自備款，沒關係，只要你有信用卡，刷卡就能購屋！我有位朋友就是在遛狗時經過一個預售屋的銷售案場，在銷售人員的強力慫恿下，竟然很衝動地掏出皮夾，刷卡買了他人生的第一間房子。

▼現在，沒自備款休想買房子，認清現況才能規劃

如今，這麼戲劇性的情節已不太可能發生，想買屋，得先存筆自備款。

我們父執輩當家的年代，平均薪資約8千至1萬元，只要認真工作10年，多半能存到一筆頭期款，之後平均8年就能把房貸還清。在當年，「買房子」是家庭經濟的重心規劃，也是父執輩努力在社會立足的奮鬥目標。

■月薪太低不是理由，花費過高，才會存不了錢

現在剛畢業的大學生平均薪資約2.5萬，儘管不多，但我覺得**更大的問題出在花費普遍過高**，愈來愈少人願意省吃儉用、少打手機、少唱歌。在收入不多、房價居高的環境下，如果不能調整對待金錢的態度，想存錢買房子難上加難。

▼無論如何，你得先存到人生第一桶金

剛出社會的大學生，身上最常揹負的是就學貸款。很多人覺得反正利息不高，慢慢還就好，對此我有不同的想法。我總是鼓勵年輕朋友，該還的要認真還，還清了就海闊天空，才有空間和時間去追尋夢想。

■不儲蓄，哪有投資理財的本錢？

以我個人經驗為例，研究所畢業時，身上揹著十幾萬的就學貸款，當時利率比現在高，但有第一年償還可免除利息的優惠。衝著這點我拚命存錢，靠著吐司和「永遠的榨菜肉絲麵」，以最儉省的方式熬過社會新鮮人的第一年，很快就把貸款還完，辛苦的代價是贖回自由之身，那種感覺真的很棒。

節省的態度一旦養成，其實並沒想像的那麼苦，包括一群好朋友在內，我們都認為**把儲蓄變成習慣之後，很快就能存到人生的第一桶金**；接下來你就可以靈活投入有興趣的理財計劃，好比房地產、股市或債券。

▼房子，是一種對「幸福」的憧憬和追求

我喜歡房地產，很重要的一個原因在於，**房子不僅僅是投資標的或金錢，它還代表人們對於幸福的憧憬和追求**。老一輩總覺得要組成家庭、養兒育女，所以得買房子才能安身立命。

■「一間好房子，勝過一個好伴侶」，單身更要買房子

然而現代人普遍晚婚、晚生子，有些人甚至抱定單身主義，買房子的需求明顯改變了，婚前就適合展開買屋計畫。很多時候，我們是為了錨定自己的心、規劃未來人生，所以尋尋覓覓，找一處適合自己的「家」，哪怕這個「家」的成員只有你自己，So what?單身還是可以買屋啊！有些人甚至主張「有個好房子，勝過一個好伴侶」呢！等你決定邁入婚姻、孕育下一代，你會產生新的思維，諸如交通便捷、生活機能、學區優劣等需求可能一一出現……屆時也許就是換屋的好時機。

▼一屋到底已過時，買屋、換屋是主流經驗

要知道，買屋、換屋已成為現代人的主流經驗，**很少人能夠一間房子從年輕住到老**，一屋到底的想法已經過時；這個心態愈早建立，對年輕人愈有利。

無論是透過跳槽、增進個人的專業職能來加薪，或是妥善運用年終獎金或紅利，這些都是存錢買屋的好起點，只要下定決心，隨時都是好的開始。

問題2

口袋要有多少錢，才夠付「自備款」？

自備款究竟該準備多少，才不會讓買屋的過程捉襟見肘？通常**至少先儲蓄房價的三成**，是比較安全的做法，但並非絕對。

▼總價、自備款、貸款，三者通盤考量

「房屋總價」扣除「自備款」之外，必須依靠「銀行貸款」，這三者之間必須通盤考量。例如你想買一間600萬的房子，最好先有三成180萬的自備款，然後向銀行貸款420萬。然而世事難料，假如銀行覺得屋況太老舊，或在評估購屋者的收入所得後，只願意貸出360萬額度，這時，就得將自備款提高至240萬。

隨著銀行縮貸的情況屢見不鮮，自備款的成數有提高的趨勢，**如果建物座落在特別較偏僻的郊區，或是屋齡過於老舊，最好能有四成的自備款，以備不時之需。**

▼自備款不足時，買「預售屋」是個辦法

誠如前篇所述，在現今的環境中，沒有自備款是無法買屋的。那麼，如果自備款不足，卻急著添置房子時，有沒有其他辦法呢？我的建議有二：**一是購買預售屋，二是設法增加銀行願意貸款的成數。**

■預售屋頭期款時間長，爭取籌款時間

購買預售屋的好處是付款比較靈活。同樣1千萬的房子，預售第一期通常得繳房價的10%，也就是100萬左右；接下來隨著建築速度的推進，大約兩到三年完工，這期間得把剩下的200萬陸續交齊，銀行再接著完成700萬的撥款動作。如此一來，等於幫自己爭取到一些時間去準備200萬，或是讓現有的200萬儲蓄有機會被投資運用，變成更多的錢。

＊特別提醒：買預售屋一定要多方打聽，挑選信譽可靠、財務穩健的建商是首要之務；其次要**了解建築進度的規劃**，通常銷售愈好或市場越熱就蓋得愈快，如果速度超過你的預期，等於縮短你準備200萬的時間，這一點不得不謹慎看待。

▼「簽約金」是會被沒收的，買賣之前務必三思

購買成屋或中古屋，第一次需付的訂金通常是房價三成自備款的10％，也就是俗稱的「簽約金」。舉例來說，一間1千萬的房子，若貸款七成，三成自備款是300萬，而訂金就是30萬。

■確保手頭有錢，可支付剩餘頭期款

只要契約一簽訂，整個流程跑得很快，從用印、完稅到交屋，如果原屋主無銀行貸款，兩週左右就能辦好過戶，即使有貸款，頂多一個半月也會搞定，這期間，你必須將剩餘的270萬自備款分三到四期給付，銀行也會落實700萬的撥款動作，接著再完成過戶的手續。

＊特別提醒：一旦簽約，如果買方違背承諾使交易無法順利完成，簽約金將被沒收，若是賣方反悔，則須退還簽約金，並賠償約定的金額。

▼姐姐、阿姨……熟識的銀行都問問，必要時請對方來鑑價

尋找貸款銀行這件事，可交給房仲業者和代書來處理，也可以自行洽詢。**不妨以電話或親洽銀行的房貸放款部門，多找幾家進行比較**，也可和平時就有往來的銀行進行討論。

如果銀行願意給的貸款成數太低，請別氣餒，可建議對方前來看房子重新鑑價，趁機告訴對方這房子比同地區房屋擁有更多優勢（如邊間、裝潢、建材等），營造房子更加值錢、搶手的良好印象。

▼公教、五師、百大企業員工，有助爭取最低利率

你若擁有**公教身分**，或是身為**五師（醫師、律師、建築師、會計師、精算師）**等專業人士，甚至是**百大企業的員工**，請不要客氣，把這些條件告訴銀行，很有機會替自己爭取到最理想的貸款成數和利率。

專家小提醒

Q：簽約後才發現錢不夠！怎麼辦？

第一次買房子，多數人都格外緊張，很擔心簽約之後才發現自備款不足，其實這是可以預防的！

通常如果透過房仲業者或可靠的代書來購屋，對方的服務會包括幫你羅列每個階段需繳交的資金額度，也能客觀評估銀行貸款的成數，中途臨時發生需大量追加自備款的機率並不高。**反倒是購買預售屋的人，可能因房子愈蓋愈快，繳交資金的頻率愈來愈密集，或是個人財力忽然出現問題，以致籌不出錢而被斷頭**，這種情況就比較遺憾了。預防之道，請事先和銀行商討提高貸款成數，例如你有三成的自備款，可考慮請銀行貸給你七成五或八成，多準備一點，才能有備無患；若實在無法提高額度，也要事先預想退路，例如找親友周轉或暫時以信用貸款應急。

▼如果自備款很高，用「現金」和「屋況」爭取議價空間

對賣方而言，賣屋的收入來自買方的自備款和銀行撥出的貸款，兩方面的比例多寡，其實沒有太大差別。然而在兩種情況下，自備款多的人有希望爭取到更棒的議價空間。

■第一招：用現金殺價

銀行撥款的動作通常是在交屋的時候，如果賣方急需用錢，買方透過房仲業者殺價，告知「若能再降價多少，買方願意立刻簽約並付訂金，等用印、完稅、交屋馬上再付現金，你就不必久等銀行的撥款」。有時這一招會奏效。

■第二招：用屋況談降價

有些房屋的貸款成數注定偏低（例如偏遠地帶、工業住宅、老屋、周邊有嫌惡設施），造成自備款成數相對較高，這類物件交易較為困難。如果買方有充裕的自備款，不妨以此為籌碼來說服賣方降價。

專家
小提醒

Q：買不同的房型時，自備款數目會有什麼不同？

預售屋、新成屋和中古屋的自備款數目比一比！

＊預售屋▼先付10％，20％分期付

先付總價的**10％**，剩餘的頭期款（約總價**20％**）依工程進度，分**2**年左右支付，適用手頭現金不夠、又急於購屋的買家。

特別注意！要了解建案的進度，避免在一期內付出大筆工程款，反而無法達到「延長籌款期」的目地。

＊新成屋、中古屋▼至少要準備30％

在不確定銀行可貸數目前，至少預備總價**30**％以上的頭期款，一旦付了訂金後，在一個月左右就會跑完交屋流程，確保自己手上有足夠的錢支付頭期款的尾款。

問題3

每個月的房貸，該占薪水的幾成？

每個人對房子的夢想都不同，在選購房子之前，學會客觀估算自己的購屋能力是絕對必要的技能，尤其是首次購屋的朋友，請將「量力而為」奉為圭臬，才不會第一次買房子就落得狼狽不堪。

▼「房貸」可佔薪資的三分之一到二分之一

姑且不論手邊的自備款存了多少，購屋族應了解的第一個問題是：「我每個月究竟繳得起多少房貸？」而不是一味地希望「從銀行貸出來愈多愈好」。

基於生活需維持應有的品質，我通常會建議，房貸佔薪水的三分之一較為理想，最多不宜超過一半；此處所謂的薪水，對單身者而言就是每月收入總額，對已婚者而言就是夫妻倆的薪水總和。

▼100萬房貸以20年償還，每月本息約攤還5千

以目前房貸利率2％為例，如果貸款100萬，償還年限20年時，每月本息攤還約5059元，我們概算成5千元。套用這個公式，即可推算自己負擔得起的貸款額度。接著再把貸款額度和持有的自備款相加，馬上就能明瞭自己買得起多少錢的房子。

以下的附表可以大致上抓出每一百萬需要負擔的房貸費用：

每借貸 100 萬元，每月還款額是多少？

利率 (%)	15 年	20 年	30 年	利率 (%)	15 年	20 年	30 年
1.0	5985	4599	3216	**2.6**	6715	5348	4003
1.1	6029	4644	3263	**2.7**	6762	5397	4056
1.2	6073	4689	3309	**2.8**	6810	5446	4109
1.3	6118	4734	3356	**2.9**	6858	5496	4162
1.4	6163	4780	3403	**3.0**	6906	5546	4216
1.5	6207	4825	3451	**3.1**	6954	5596	4270
1.6	6253	4872	3499	**3.2**	7002	5647	4325
1.7	6298	4918	3548	**3.3**	7051	5697	4380
1.8	6343	4965	3597	**3.4**	7100	5748	4435
1.9	6389	5012	3646	**3.5**	7149	5800	4490
2.0	6435	5059	3696	**3.6**	7198	5851	4546
2.1	6481	5106	3746	**3.7**	7247	5903	4603
2.2	6528	5154	3797	**3.8**	7297	5955	4660
2.3	6574	5202	3848	**3.9**	7347	6007	4717
2.4	6621	5250	3899	**4.0**	7397	6060	4774
2.5	6668	5299	3951	**4.1**	7447	6113	4832

問題4

你現在的薪水，可以買多少錢的房子？

▼挑選的房屋總價，最好小於自備款和貸款總和

以下，我以兩個案例來說明該如何考量房屋的總價。以下例中的「每月還款額」，以年利率2％，還款期限20年計算（每月約繳5千元）。

●案例一：單身女性（月薪3.6萬）

單身的張小姐目前與父母同住，工作穩定，每月薪資3.6萬，純屬個人可支配餘額，且有180萬的積蓄。為了一圓獨立的夢想，她希望擁有自己的小房子，為此願意縮衣節食，把一半的薪水拿來繳房貸。我提醒過她，撥出二分之一薪水對單身者來說比例偏高，但她堅持用「非常手段」來達成目標。

3.6萬（每月薪資）×50%（月薪一半）÷5千（每月還款額）×100萬＝360萬

⬇在貸款360萬的情況下，張小姐是具有償還能力的。

180萬（自備款）＋360萬（貸款）＝540萬

⬇因此建議張小姐挑選450至500萬的物件，讓自己手邊留一點錢，以備不時之需。

●案例二：夫妻＋一個小孩（合計月薪8萬）

吳先生和太太即將迎接第一個孩子的到來，兩人月薪合計8萬元，手邊有250萬積蓄，另外，吳爺爺決定從退休金裡撥出100萬贊助兒子和媳婦。對於育兒開銷，新手父母難以拿捏，買房子又勢在必行，夫妻倆商量後決定只撥25%的薪資繳交房貸。

8萬（夫婦月薪總和）×25%÷5千×100萬＝400萬

⬇在貸款400萬的情況下，吳先生伉儷是具有償還能力的。

250＋100萬（自備款）＋400萬（貸款）＝750萬

⬇建議吳先生伉儷挑選650至700萬之間的物件，同樣保留一些現金來支應即將增添家庭新成員的開銷。

上述估算方法是基本概念，如果選擇的房子需要花大錢整修，或準備大手筆進行裝潢，這時，請主動從自備款中預扣金額，換言之，你的可支配額度會略減。

▼貸得多未必還得起，務必謹慎估算

在屋況正常的情形下，購買的**第一間房子，通常可向銀行貸到房價的七成左右，若是第二間房子則只能貸到六成以下**（因為央行限貸）。請別以為貸得愈多愈划算，請切記：**從銀行借出的每一塊錢都要歸還，還得付利息**，而且購屋之初往往過於興高采烈，稍不留神就會把錢花掉；除非你有能力讓多出的現金被理財規劃，錢滾錢創造更大的價值，否則多借就要多還。

以【案例一】的張小姐為例，若購買500萬的房子，銀行可能願意貸給她350萬左右，這和她的還款能力相當接近，應該不成問題。至於【案例二】的吳先生夫婦，若購買價值700萬的房子，銀行可能願意貸給他490萬，但他們只負擔得起400萬的房貸，這時可考慮只向銀行借400萬，或是先辦理490萬的額度，等交屋完成、安頓妥當後，立刻把多餘的錢歸還銀行，讓日後每月的負擔降低。

專家小提醒

Q：買不買屋是選擇問題，沒有對錯？

不想揹沉重房貸，更要好好理財。

在此舉個不同的例子與大家分享。我有位朋友寧可月付10萬元房租，也不願買房子。他的理由是：「要住這種等級的房子，我得花2億才能買到。2億，我可以做多少投資啊！何必把錢套在這裡？」

很多人不買房子，是因為可以把購屋資金挪去做更好的運用，只要經過深思熟慮，絕對OK！但我想提醒大家：如果房子月租2.5萬，買屋需付房貸4.5萬，當你選擇只租不買時，請把省下來的2萬元拿去投資或儲蓄，而不是吃喝玩樂花光光，否則幾年過去，什麼都沒留住，實在很可惜。

買房子是人生大事，它不僅彰顯經濟力，還代表著個人價值觀。儘管我投身房仲業界工作多年，我依然常告訴客戶和朋友：「買或不買，沒有對錯，只是選擇問題。」

問題5

你的房租，可以買多少錢的房子？

有個滿趣味的名詞叫做「丈母娘經濟」，意思是說，想結婚之前最好先買個房子，搞定丈母娘這一關，才能娶個老婆好過年。不可諱言的，結婚成家仍是購屋市場的主力。

▼想在台北市租屋？小套房1.5萬，兩房一廳2.5萬

大家都說「台北居，大不易」，房子價高不僅反映於購屋市場，租屋行情也是如此。以單身獨居者為例，租間小套房每月需付1.5萬，愈靠近市中心愈是小得可憐；有人為了省錢而租雅房，與人共用衛浴和公共設施，每月至少仍需付出6千元

以上，省錢的代價是得容忍較複雜的環境及犧牲部分的隱私。

至於新婚夫妻，很少有人的房租開銷能低於2萬，在交通便利的地段，兩房一廳的月租約2.5萬，若位處繁華的市中心，甚至高達3、4萬。

▼把「房租」變成「房貸」，從無殼變成有殼

租金居高不下，租賃保障卻不甚完美，很多無殼蝸牛不禁思考：與其每個月繳房租，動輒居無定所，要不要把租金變成房貸，乾脆買間房子算了？假如你有這個打算，我們何不試算看看，你所繳的房租究竟可換成多少房貸？

前篇提及，以房貸利率2％為例，貸款100萬的償還年限若為20年，每月需攤還本息5千元。我們以月租1.5萬的單身者，以及月租2.5萬的小家庭為例進行試算。

■單身者，在台北市區租小套房

1.5萬（房租）÷5千×100萬＝300萬

⬇如果你有一筆自備款，並向銀行貸款300萬，每個月繳交1.5萬的房貸，20年後，你

就會有一間屬於自己的小套房。

■小家庭，租兩房一廳

2.5萬（房租）÷5千×100萬=500萬

⬇如果你們有一筆自備款，並向銀行貸款500萬，每個月繳交2.5萬的房貸，20年後，你們就會有一間屬於自己的房子。

▼從小房子慢慢養起，有機會再換屋

當然，你所存的**自備款多寡影響選購房子的條件**，包括總價、坪數、屋齡、地點等。重點是，**拿出決心和方法去存第一筆頭期款，你的購屋夢才有機會實現**。

我的一對好友很年輕就結婚了，他們的人生規劃裡包括擁有自己的房子。夫妻倆有共同目標，認真存錢，絲毫不以為苦，儘管在台北市工作，買的第一間房子卻是位在桃園市的小套房。透過長期關注房市行情，同時好好照顧自己的小屋，當房價上揚時，他們把握機會賣屋，小賺之餘加上新的積蓄，開始把房子換到新北市、台北市，幾次之後，小屋慢慢換成大屋，如今，他們在台北市麗水街有間三房兩廳的溫馨公寓。

請不必太過羨慕，他們所做的，不過是養成儲蓄的好習慣，**從小房子慢慢養起，以及把握時機換屋**——這樣的經驗，你也可以成功複製。

專家小提醒

Q：有錢未必租得到房子，房東常拒絕老殘窮？

不買房子，要考慮老年生活如何安排。

也許是「有土斯有財」的觀念根深柢固，也許是租賃契約的保障太薄弱，以致國人真的很喜歡買房子，這一點和歐洲人大異其趣。就拿德國人為例，他們的自有住宅率不過45%，台灣卻高達84%，這是很值得探討的社會現象。

在台灣，並非有錢就能租到房子！很多房東不樂意將房子租給老、殘、窮，其中又以老人的處境最艱難。我看過許多獨居老人明明身強體健、經濟無虞，房東就是不肯把房子租給他們，除非他們能找到年輕晚輩做保人，承諾會固定前往探視。房東們最擔心的兩件事，一是老人健康出問題，屆時無人理睬將變成困擾，二是老人若在租屋處往生，將來的出租率會受到影響。

問題6

首購族，一定要知道的房貸優惠方案

▼老一輩念念不忘的「勞宅貸款」已不復存在

首先為大家釐清「勞宅貸款」的問題。以前，每年有不少幸運勞工能抽中勞委會提供的「勞工建購住宅貸款」，以極低利率借錢買屋。這個印象延續至今，仍有很多首購族在洽詢。**然而從民國96年起，行政院決定將住宅貼補資源整合，交由內政部營建署統籌規劃，如今，勞宅貸款已不復存在。**

▼「青年安心成家購屋優惠貸款」不是年年都有

財政部為了幫助無自用住宅和年輕的家庭購屋，在99年12月推出了「青年安心成家購屋優惠貸款」，由台銀、土銀、合庫、一銀、華銀、彰銀、兆豐銀、台企銀等八家公股銀行以銀行自有資金承貸。凡20歲以上國人，單身者本人名下沒有自用住宅、已婚者本人及配偶及未成年子女名下沒有自用住宅（包括曾有房子但已賣出），只要在99年12月1日之後購置並完成建物所有權移轉登記，不論中古屋或新成屋，即能申請最高成數八成、最高額度500萬的優惠貸款。至於貸款成數能否達到八成、500萬的最高額度，各公股銀行會按照貸款者年齡、還款能力、屋齡、所在地、鑑價結果等進行評估。

須留意的是，這項優惠貸款必須評估標的物的價值（也就是你所買的房子），所以**不能先申請保留額度，然後再去購屋**，這一點和從前的勞宅貸款是不同的。如果你買的是預售屋，也要等交屋完成，房子過戶到你的名下後，才可以提出申請。

＊相關內容，請上財政部網站查詢「公股銀行辦理青年安心成家購屋優惠貸款原則」

■可自行選擇「混合式固定利率」或「機動利率」

「青年安心成家購屋優惠貸款」的利率計算方式，可自行選擇混合式固定利率或機動利率（擇定後不可更改）。

如果採取混合式固定利率，第1年按照「申辦當時」中華郵政公司2年期定期儲金機動利率固定加0.525%（目前為1.9%）固定計息；第2年按「申辦當時」中華郵政公司2年期定期儲金機動利率固定加0.625%（目前為2%）固定計息，第3年起按中華郵政2年期定期儲金機動利率固定加0.645%（目前為2.02%）機動計息。

如果採取機動利率，前2年按中華郵政公司2年期定期儲金機動利率加0.345%機動計息（目前為1.72%），第3年起按中華郵政股份有限公司2年期定期儲金機動利率加0.645%機動計息（目前為2.02%）。

至於償還年限最長30年，並包括只還利息不還本金的3年寬限期。這是首購族可以把握的好機會。

這項福利原本只實施到101年底，但考量年輕人購屋成家的實際需求，財政部決定將此計畫延展兩年，在103年底之前，有需要的民眾可洽八大公股銀行，並隨時留意財政部網站上的訊息公告。

▼「青年安心成家方案」102年起不再續辦

內政部的「青年安心成家方案」，是20到40歲結婚者詢問度很高的貸款，它最棒的地方除了提供200萬的優惠房貸，而且前兩年免利息。很遺憾的是，這個好康措施從98年辦到101年，期程屆滿之後，暫時已不再續辦。未來若有續辦可能，購屋人可以從新聞媒體得知，或是上營建署網站（http://www.cpami.gov.tw/）查詢。

▼「整合住宅補貼資源實施方案」有家庭所得限制

內政部每年會辦理「整合住宅補貼資源實施方案」，103年的相關條件和受理申請，自103年7月22日至8月29日公告受理申請，有需求者請上內政部營建署網站，從右側點選「住宅補貼及青年成家專區」查詢。以下是相關說明：

【申請人條件】

符合下列任何一項即可申請：

❶有配偶；❷與直系親屬設籍同一戶；❸單身年滿40歲；❹父母雙亡，戶籍內有未滿20歲或已滿20歲仍在學、身心障礙或無謀生能力之兄弟姊妹需要照顧者。

【家庭所得門檻】

礙於經費有限，各項補貼每年都有戶數限制，因此**本方案設有家庭所得門檻限制，且依戶籍地設立不同標準**，例如：台北市的家庭年收入在152萬元以下；新北市在111萬元以下；高雄市在96萬元以下；台中市在106萬元以下；台南市在89萬元以下；金門、連江縣在92萬元以下；其他地區在92萬元以下，才具有申請資格。

【租金補貼】

申請人、配偶及戶籍內直系親屬及其配偶均無自有住宅，每戶每月最高補貼4千元，首購族在買屋之前可以善加運用。

【購置住宅貸款利息補貼】

申請人、配偶及戶籍內直系親屬及其配偶均無自有住宅，或僅持有一戶於申請日前2年內購買並辦有貸款之住宅，最高優惠貸款額度220萬元，償還年限最長20年，只付息不還本的寬限期最長可達5年；102年度的計畫戶數是5千戶，**首購族可考慮申請，且和公股行庫的「青年購屋優惠貸款」不相衝突。**試想，如果能順利從兩個方案都貸到最高額度，500＋220＝720，有了720萬的優惠貸款，多數人就幾乎不必向一般銀行借較高利率的房貸了。

【修繕住宅貸款利息補貼】

申請人、配偶及戶籍內直系親屬及其配偶僅持有一戶屋齡超過10年的住宅，最高優惠貸款額度80萬元；首購族買的若是老舊的中古屋，卻未能申請到購置住宅貸款利息補貼時，可嘗試申請修繕住宅貸款利息補貼。

＊詳細內容請上內政部營建署網站查詢：「整合住宅補貼資源實施方案」，或電：(02)2192-7171。

問題7

單身買房子，有優惠嗎？

前篇針對首購族介紹的「青年安心成家購屋優惠貸款」，同樣適用於單身者。不過在內政部的「整合住宅補貼資源實施方案」裡，則有部分差異。

▼不是歧視單身，實在是資源有限

做為單身者，除非與直系親屬設籍同一戶，或有弱勢的兄弟姊妹需要照顧，否則就得等到年滿40歲才能申請「購置住宅貸款利息補貼」。

這項個別差異引起許多單身者反彈，覺得受到歧視。通常我會安慰單身的朋友，回頭思考政府釋出優惠房貸的宗旨，往往開宗明義道出：希望鼓勵青年成家、營造有利生育、養育子女的環境，減輕居住負擔，以提高我國生育率……。在貸款額度有限，僧多粥少的情況下，才會對單身者設定年齡門檻。**與其和政策面生悶氣，不如把心思放在和銀行溝通，爭取貸款的成數和最低利率。**

▼銀行不喜歡借錢給單身者，為什麼？

我周遭的單身友人都對自己的未來很有想法，很早就有買房養老的計畫。但不少人向我反映，覺得銀行好像不是很愛借錢給他們。

銀行在核准房貸之前，會針對貸款人的年齡、性別、工作、婚姻、財力等狀況，以及標的物的價值進行評估。年輕夫妻多數擁有兩份收入，當其中一人的健康或工作出問題時，有另一人可扛起經濟負擔。反觀單身者，獨立生活、獨立經濟，只有一份薪水，即使能力再強，**如果遇到意外狀況往往缺少奧援，所以被認為放款風險較高。**不過隨著時代演進，銀行業者的觀念也在調整，畢竟單身購屋者愈來愈多。申辦房貸時，如果貸款成數不是太高、每月房貸佔薪資比例不是太重的話，單身者還是能順利貸到款項。

▼單身者購屋，多存些自備款有益無害

我常建議**單身者買屋之前，多存些自備款**，一來別讓每月房貸佔薪資的比例過高，以免更換工作時捉襟見肘，二來單身購屋的坪數較小，本就不易貸到高成數，擁有多點自備款，無論手頭上或心理上，都會寬裕許多。

專家小提醒

Q：給首購族和單身者的申貸，有竅門？

首購族可以獲得的優惠較多，務必多看收集資料；單身者的重點在現金，多存多保障！

＊首購族▼優惠補助最多

首購族有很大比例是年輕人準備結婚，目前政府有數個鼓勵青年成家的優惠和補助，在計畫買房前一定要先調查清楚，如果能同時申請兩則可重複的優惠貸款，可在日後20年的還款過程中輕鬆不少。

＊單身者▼多存現金

雖然目前國人單身年齡和人數都上升，但傳統銀行的觀念還是對單身者不太友善，想要避免申貸時成數不夠影響自己誠信，不如下定決心養成儲蓄習慣，手頭多些現金，就算不需要這麼多自備款，也可靈活運用在其他的理財管道上。

問題8

第一次就能借到高成數、低利率的關鍵？

房貸規劃的成功標的，通常代表著高成數、低利率，以及未來的繳款順利無虞，有五個方法是可以掌握的。

方法1 挑選房子之前，請把自己的籌碼重算一遍

前面幾篇文章已陸續告訴大家如何估算個人財力，請注意以下三大基本原則：

- **理想的自備款至少要有三成。**
- **每月繳交的房貸約佔薪水的三分之一，以不超過二分之一為限。**
- **每貸款100萬元，分20年償還時，按目前利率水準，每月約需繳交5千元。**

在此前提下，請挑選自己負擔得起的房子，這是成功規劃的第一步；違背這項原則，過高的總價極可能讓你身陷泥淖，變成房貸的囚徒。

方法2 透過建商和房仲業者的「熟識銀行」談高成數

有時候運氣不好，政府提供的首購貸款已被申請用罄，這時得和其他銀行接洽，詢問有無房貸的優惠專案。幸好目前房貸利率並不高，向一般銀行借貸雖然代價略高一點，但不至於差距過大。

當你購買自用住宅時，如果想追求高成數的貸款，這時，**透過建商或房仲業者是個不錯的選擇**，因為他們常有往來頻繁的銀行，尤其是整批的建屋銷售，銀行對建案的了解度相對較高，可貸到高成數的機會也較大。

■ 親自上門也是表達誠意的方式

如果這麼做還是無法達到你的期望值，不妨**自行找銀行商談**，邀請對方前來鑑價，用「貨比三家」的精神，絕對能夠從中找到最友善、最有利的合作對象。

一般銀行最多願意貸出房屋總價的七成，如果**個人信用良好，房屋物件又搶手，還是有可能貸到七成五或八成**，這就算是高貸了。

方法3 如果有公教身分，就是低利率的最佳保障

如果你或配偶具有公教身分，是中央及地方各機關、公立學校及公營事業機構編制內的員工，那麼恭喜你，你可以申辦**「築巢優利貸：全國公教員工房屋貸款」**，利率相當優惠，比「青年安心成家購屋優惠貸款」還划算。

「築巢優利貸」是由行政院人事行政總處主辦，102年至103年底由國泰人壽獲選辦理。貸款額度主要由銀行鑑價審核，利息依照中華郵政公司2年期定期儲金機動利率固定加0.375％機動計息（目前為年息1.75％），償還年限最長為20年，而只付息不還本的寬限期不得超過償還年限的四分之一，最長以5年為限。這項優惠不限首購，但借款人或其配偶的不動產，必須設定第一順位抵押權以做為擔保，**但仍受第二屋貸款不超過6成限制。**

這項優惠貸款若還是搶不到，不得不找其他銀行借貸時，還是別忘了秀出公教身分；**鐵飯碗的保障是銀行的最愛，很容易借到較低的利率。**

方法4 貸到錢之後，養成和銀行聯繫的好習慣

多數人辦好貸款之後，每個月固定將房貸匯入帳戶，由銀行自動扣款，然後數十年如一日，兩造互不往來，偶爾會接到銀行的對帳單或利率調整通知，並在報稅季節前收到房屋擔保放款繳息清單。

■ 別怕和銀行打交道，了解狀況才能保障自己權益

我想提醒大家，和銀行如此疏遠的往來是不智的，因為**房貸利率是浮動的，調整時銀行未必會通知，特別是利率調降時，很多銀行的調整動作特別慢。**由於利率以季調為主流，只要你信用良好，每月準時還款，建議最好每隔3個月打通電話給銀行關切一下，詢問：「我的房貸利率現在是多少？」、「前幾天新聞說利息下

降，你們何時開始幫我調降？」、「我同事在某某銀行的利率是多少，為什麼你們貸給我比較貴？」只要言之成理，多溝通對你的權益絕對是有幫助的。

方法5 不要迷信寬限期，有時是自掘墳墓

房貸的還款方式林林總總，其中有種彈性是銀行容許你在一段時間裡，「只付利息不還本金」，只需繳交比較少的錢，這就是所謂的寬限期。很多首購族在申辦房貸時，喜歡爭取寬限期，而且認為這段期間愈長愈好。

我個人並不這麼認為。有位客戶告訴我，他貸了1千4百萬，平均每個月要繳7萬元，可是他享受了很長一段寬限期，每月只要繳2萬多塊，等好日子過完，每個月得繳將近9萬元，弄得苦不堪言。

我的看法是，**除非寬限期少繳的那些錢，你能拿去做投資理財，否則不如按部就班的攤還本金和利息，及早習慣每月的房貸開支。**

問題9

房貸類型比一比：「本金」和「利息」該先還哪一個？

房貸的種類很多，最常見的房貸包括**指數型**、**理財型**、**抵利型**、**利率遞減型**、**保障型**、**固定型**等六大類，其特性不同，適用對象也不一樣，究竟哪一種最合適，得憑藉你的智慧判斷。

類型1 【指數型房貸】：利率波動不大，上班族適用

【說明】

指數型房貸利率＝定儲利率指數＋加碼利率。換言之，它根據約定的「指標利率」為基礎，所以又有「定儲利率」之稱。需留意的是，各銀行的「指標利率」並

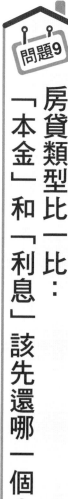

不相同，有些以六家或八家公股銀行的「一年期定期儲蓄存款機動利率平均數」為準，有的則指定某些銀行的「一年期定期儲蓄存款固定利率」為準。

【適用對象】▼上班族

一般受薪階級，每月能有規律且大致固定的薪資時，可選擇指數型房貸，波動不致太大。

類型2 【理財型房貸】：已還本金，可再借出

【說明】

理財型房貸的最大特點在於，之前還給銀行的本金可以再借出來運用，轉換成循環額度，方便貸款人靈活動用，至於利息則按日計算，但利息往往比一般高出1～2%。換言之，有別於指數型房貸借一大筆再慢慢還，理財型房貸保持時借時還，彈性更大。

【適用對象】▼家庭及中小企業經營者

需隨時有備用資金的家庭、需做資金調度的中小企業經營者、有理財規劃和投資需求的人。

類型3【抵利型房貸】：存款可抵房貸本金

【說明】

有些人向銀行借貸之外，同時也有存款放在銀行裡，這時可選擇抵利型房貸，平時把存款拿去折抵房貸本金，以便減少利息的支出，還可縮短償還年限；當需要用錢時，還是能把存款提出來運用。換言之，不必擔心積蓄放在銀行生不出利息，卻同時欠銀行一大筆房貸得償還較高的利息。

【適用對象】▼有儲蓄，隨時可能會用到錢的人

有儲蓄卻擔心可能會用到資金而不敢提前還清貸款的人、有理財規劃和投資需求的人。

類型4 【利率遞減型房貸】：多還本金換取利率減碼優惠

【說明】

只要貸款人準時還款，甚至每月多繳還一些本金，經過一段時間後，銀行會給予利率減碼優惠，這類型的房貸通常可降低銀行的呆帳風險。

【適用對象】▼雙薪或高收入者

能寬裕繳交每月的房貸額度、通常是雙薪或高收入家庭，或是對房貸利率較敏感的人。

類型5 【保障型房貸】：設定利率上限，首購族有保障

【說明】

貸款之初，銀行與貸款人協議在指數型房貸的條款上，加設一個利率上限。利率攀升時，最高不得超過協議的上限；未超過上限時，則以指數型房貸來計算。不

過貸款人得先付一筆權利金，通常是貸款額度的0.5％，百分比視各銀行規定而不同。

【適用對象】▼第一次買房子的人

首購族、認為未來房貸利率會大幅攀升的人。

類型6 【固定型房貸】：利率固定，方便長期規劃理財

【說明】

貸款之初，銀行與貸款人約定幾年內的固定利率，期滿之後改為指數型房貸。每月繳交的金額固定，不會受利率跌升的影響。不過，台灣不像美國，美國的固定利率往往是一率到底，但台灣的固定利率仍可能隨時間調整。

【適用對象】▼長期理財規劃的人

認為未來房貸利率會大幅攀升的人、一般受薪階級或雙薪家庭、不希望受房貸波動而影響生活品質的人。

▼本金V.S利息，先還哪一種，意義大不同

關於本金和利息的歸還先後，爭議其實頗大。總結來說，我認為「**先還利息不還本金」的寬限期是最不划算的，因為繳交的利息最多，事後要攤還本金時，負擔又會變得很重**；除非你有把資金挪去理財的打算，否則不建議這麼做。

至於「提前歸還本金」的做法，適合每年年終獎金豐厚，或是有能力儲蓄一筆金額後，就上銀行先還些本金，既可減少日後的負擔，還能避免積蓄在不自覺中花掉，勤儉持家型的人可以朝此目標前進。

專家小提醒

Q：每個月穩定「本息」一起還，最聰明？

現今房貸市場的主流，訴求是「每個月定期繳納」。

無論你是哪一種類型的買家，經過考量後，選擇自己適合的房貸利率，都要記清楚：最後付出的總額一定比房屋總價高！而「每個月穩定的繳納本息」，讓自己保持定期還款的好信用，才是最正確的態度。

問題10

除了房子總價外，有哪些隱藏費用？

買屋會經過簽約、用印、完稅、交屋等流程，在這期間，除了房屋總價之外，還會產生一些費用，有些屬於賣方，有些則由買方承擔。在此我以買方須準備的開支為主進行說明。

費用1 【契稅】：建物發生轉移時，房屋現值的6％

契稅是當不動產所有權發生移轉時所課徵的稅賦（已課徵土地增值稅的地區，不課契稅），不管是買賣、贈與、交換或分割，在契約成立開始的30日內，必須向當地主管機關申報契稅；這部分代書會代為處理，不過產生的費用應由買方負擔。

買賣契稅的稅率是6%，是以房屋評定現值為基準（可參考房屋稅單），而**不是以成交價格為基準。**假設房屋稅單上的現值是60萬，契稅就得繳交60萬×6%＝3.6萬。

費用2 【規費】：權利價值的0.1%

常見的規費包括買賣登記規費和申貸設定登記規費，代書都會幫忙處理，產生的費用應由買方負擔。

買賣登記規費是產權移轉時需繳交的稅費，是**以房屋契價和土地申報地價，兩者總和的0.1%。**假設房屋稅單上的課稅現值是60萬，土地申報地價是40萬，該繳的買賣登記規費就是（60萬＋40萬）×0.1%＝1000元。

申辦貸款時的設定登記規費，通常是以貸款金額×1.2倍×0.1%。假設貸款400萬，則收取400萬×1.2倍×0.1%＝4800元。

費用3

【印花稅】：針對房屋和土地的憑證收費

印花稅是針對房屋和土地的憑證來收費，兩者皆以公契所載價格來計算，也就是房屋評定現值和土地公告現值，兩者總和的0.1%。假設房屋稅單上的評定現值是60萬，土地申報現值是40萬，該繳的印花稅就是（60萬＋40萬）×0.1%＝1千元。

費用4

【代書費】：含簽約和登記，一筆約1.4～1.6萬元內

代書費通常在1.4～1.6萬元之內，按照各區域規定有所不同，其中包括了簽約、申辦貸款的設定登記、買賣過戶登記等代書服務費。一般代書收費是以一筆土地、一戶房子為基準，如果買賣標的物的建號和地號愈多筆，代書費用就愈高。

費用5

【仲介費】：買賣方加總不超過6%

房仲業者的收費標準，通常是買方2%、賣方4%，加總不超過6%為基準。假設你委託仲介買了總價500萬的房子，仲介費用則是500萬×2%＝10萬。

費用6 【分攤當年度房屋稅和地價稅】：民間以交屋日為基準計算

買方和賣方如何分攤當年度的房屋稅和地價稅，有約定俗成的計算方法，但在訂定買賣契約時最好註明清楚，比較不會引起糾紛。

通常，分攤的算法是以交屋日為基準，交屋前由賣方負擔，交屋後由買方負擔。假設交屋日是6月1日，一整年的房屋稅若是6千元，賣方需負擔6千元÷12×5＝2500元，買方則負擔6千元÷12×7＝3500元。**民間以交屋日計算，若想以會計年度計算，買賣方可透過協調解決。**

專家小提醒

Q：代書申請資料與查詢費用一定要索取收據明細，為什麼？

別以為小錢就不用在意，審慎付出每一筆費用，才能把購屋花費省最多！

代書在了解產權和辦理過戶的過程中，會有很多機會向地政機關申請書狀、謄本，或調閱資料，而產生零星的費用，例如書狀費每張80元、謄本費每張20元、地籍圖閱覽費每幅10元（限20分鐘）、歸戶查詢每筆20元、電腦列印地籍圖謄本每張20元、影印土地建物異動清冊每張5元……，這些雖是小錢，仍應請代書附上收據。

地價稅的分攤方式亦同，因此不再贅述。其他如水、電、瓦斯等費用，也可用此方式，以交屋日為基準，用天數個別計算。

費用7 【申辦銀行貸款的相關費用】：標準不一，記得討價還價

成功申辦貸款時，銀行徵信費通常是幾百元，未必會收取；至於開辦費每家銀行收費標準不一，通常是幾千元，如果之前就與銀行往來良好，這筆錢可以討價還價，就看個人本事了。

費用8 【火險和地震險保費】：關係銀行撥款，一定要辦

絕對省不下來的費用是「住宅火災保險」及「住宅地震基本保險」，如果沒辦理妥當，銀行是不可能同意撥款的。

各產險公司的住宅火災保險費率相去不遠，會根據座落地區、樓高、結構、坪數等來估算火險保額和費用，以30坪的公寓為例，200萬火險每年約一千多元；至於

強制加保150萬住宅地震基本保險，每年保費是1350元。

費用9【房子修繕費】：建築基礎硬體處理不能省

這裡所指的不是裝潢費，而是針對基礎硬體的修繕。如果是20年以上的中古屋，可能得更換冷熱水、瓦斯、電線等管線，或是地板、牆壁不得不先處理才能入住，此時得先把這筆錢準備好。**切記！裝潢可以慢慢來，基礎修繕卻等不得。**

買屋過程中，除了房屋總價之外，還有哪些衍生費用？

項目	備註
契稅	契價 ×6%
印花稅	公契價格 ×0.1%
買賣規費	權利價值範圍千分之一
設定規費	設定金額 ×0.1% ＋書狀費
謄本費	每張 20 元
簽約手續費	行情價（買賣雙方各約 1 千元）。
設定代書費	按照各行政區規定。
過戶代書費	按照各行政區規定。
仲介服務費	買、賣方不超過 6%
銀行手續費	銀行規定不同而不同。
火災地震險	有貸款者必須保。

申辦房貸六大步驟，你一定要知道

對於每一家銀行來說，申辦房貸的流程都是固定的，主要得經過以下6個步驟。熟悉這段流程，才能清楚知道每個階段該做什麼。

步驟1 【提出房貸申請】：選定最適合自己的房貸類型

前篇介紹了6大類房貸，你可以根據家庭資金狀況和財務規劃，選擇最適合自己的方式。在與房仲業者簽訂買賣契約前，最好先詢問代書大約可貸到多少額度，並轉達個人的需求；和房仲業者簽約後，其代書會替你聯繫銀行並提出申請表，期間還會提醒你該準備哪些文件備查。

步驟2 【房屋鑑價】：位置、屋況、裝潢、頂加，都列入評估

銀行收到房貸的申辦文件後，會針對房屋座落位置、屋齡、坪數、生活機能、學區優劣等種種條件，詳細閱覽不動產資料，並交由專業人士進行鑑價，以便推算可以貸出多少額度。**如果鑑算出來的價值遠低於預期，不妨邀請對方再度前來實地勘察房屋，可針對包括裝潢、頂加等，另行評估**，舉例來說，都會裡的中古公寓，屋齡多數在25年以上，頂多只能貸到七成；如果屋齡超過40年，往往貸不到五成。

步驟3 【貸款人背景審核】：65歲以上無業，銀行可能緊縮貸款條件

不動產鑑價完成之後，銀行會針對貸款人的年齡、性別、工作、婚姻、信用記錄、還款能力等條件，審慎客觀評估，以決定要核准或駁回貸款申請。鑑價和徵信是銀行必做的兩個步驟，唯有如此才能做到風險控管。等審核步驟完成後，銀行會提出意見和核貸條件，並通知貸款人或代書。如果未通過審核，銀行也會告知申請人婉拒的理由。銀行端對於年紀較大的購屋人，如果沒有相當的財力證明，貸款條

件往往較差，不只成數低，年限也短，申請失敗的機率也會大增。

步驟4 【雙方對保】：親赴銀行辦理開戶手續

當銀行核准房貸申請，同意把錢借給貸款人，雙方必須簽訂借貸契約，這個動作稱為對保。對保當天，貸款人和保證人必須親赴銀行，銀行會幫貸款人辦理開戶手續，將來銀行撥款就會把錢存入這個帳戶，貸款人每月繳款也需透過這個戶頭。

步驟5 【抵押權設定】：通常是貸款金額的1.2倍

介於完成對保之後、銀行撥款之前，必須先經過抵押權設定這一關。銀行為了保障自身權益，通常會將抵押權設定為貸款金額的1.2倍，換言之，如果貸款500萬，抵押權設定就會是600萬。如果前屋主有貸款，就需要確認原銀行的帳號、貸款餘額等資料，由銀行撥款同時代償。

步驟6【銀行撥款】：需先辦好火險與地震險

抵押權設定後，銀行會確認**貸款人是否幫房子投保火險和地震險，確定辦理妥當後，才會進行撥款。**火險和地震險的費用須由貸款人自行負擔，且會要求不斷續保，直到貸款清償完全為止。

專家小提醒

Q：保證人的財力，會影響貸款嗎？

什麼樣的情況下還需要保證人？讓銀行願意貸出「高成數」的關鍵是什麼？

現行銀行法規中有規定，只要擔保物足額，就不得再要求借款人提供保證人，舉例來說，如果向銀行借房屋貸款1000萬，但該房屋本身價值達1200萬，房屋價值高於貸款金額，就不能要求保證人。換句話說，貸款最重要的應該是擔保品（房屋）本身，其他不過是附加而已。

目前，保證人往往是出現在某些特定的貸款行為，例如某人想要向銀行借房貸，房子在妻子名下，但只有身為公務員的先生符合申請優惠貸款的身分，這時候貸款就以先生為借款人，名下有房子的太太當保證人。而在此種狀況之下，擔保物條件越好，加上保證人的一方條件優越，在貸款上自然就會有比較多的空間。

買不動產的三種節稅好方法，一定要學

購屋是一大筆開銷，除去比價、殺價，有些節稅措施是買家必學的，因為這是政府的德政，不使用未免可惜。

方法1 主動辦理地價稅「自用住宅」變更，價差5倍

房子座落在土地上，買屋之後，別忘了主動前往稅捐機關辦理地價稅自用住宅變更，爭取應有的優惠。

只要土地所有權人、配偶或直系親屬將戶籍遷入房屋所在地，且無出租或營業事實，而房屋建物也歸土地所有權人、配偶或直系親屬所持有，就可以申請辦理。

自用住宅的地價稅率只要千分之2，一般地價稅率是千分之10，兩者相差5倍之多，不辦非常可惜。

特別提醒大家，**地價稅於每年11月1日開徵，想要變更為自用住宅用地，必須在開徵日40天之前辦理，也就是9月22日前提出申請**，如果錯過這個期限，即使申請通過，較低稅率也只能從次年開始適用。

方法2 兩年內再次購屋，「自用住宅用地」可辦理「重購退稅」

自用住宅交易，有人先買再賣，有人先賣再買，只要這兩個動作在2年內完成，都可以申辦自用住宅用地重購退稅。

所謂「重購退稅」，是指**同一人在2年之內購買第二筆土地，如果所繳的增值稅超過第一筆土地，可向土地主管稽徵機關，辦理退回第一筆的增值稅。**舉例來說，第一棟住宅售出時，繳了10萬元的土地增值稅；2年之內購買第二棟住宅時，繳交了20萬元的土地增值稅，這樣即申請可將之前所繳的10萬元退回。

方法3 「房貸利息」可做為所得稅的列舉扣除額，最高30萬

你所購買的房子如果用來自住，每年5月申報綜合所得稅時，可考慮採用列舉扣除額。在報稅之前，貸款銀行會寄出房屋擔保放款繳息清單正本，你可以把這筆利息支出列為自用住宅購屋借款利息特別扣除額，最高列舉30萬元。不過請留意，如果另有儲蓄利息所得，必須事先扣除。

舉例來說，假設101年度儲蓄利息所得共5萬元，同年繳了房貸利息36萬，報所得稅時，房貸利息扣除額的上限是30萬，再扣除5萬元儲蓄利息所得，所以可申報25萬。

■ 用房貸利息報稅的兩點提醒

❶ 房貸利息扣除額是以「戶」為單位，如果一戶裡有2棟以上的房子在繳貸款，不可將2棟的利息總額加起來列舉，只允許擇一申報，當然是列舉房貸利息較高的那間較划算。

❷ 房屋擔保放款繳息清單上，必須有房屋座落地址、房屋所有權人和借款人姓名、繳息所屬年月，以及房屋所有權取得日等訊息，才足以做為報稅憑證。

Part 2

看房子，該注意哪些問題？

不同屋齡和房型，如何挑選？
六大看屋重點，一定要知道！

擔心購屋後悔？選房之前，先問自己五個問題

對A而言是好屋，對B而言未必理想。想買對房子，得認清自己的需求才不會後悔。以下5大問題是你一定要自問的。

問題1 未來十年，你想過怎樣的生活？

不同的人生階段有不同的需求，買屋終究不像買衣那麼隨意，有必要想想未來十年自己究竟想過怎樣的生活，從這線索去找尋合意的房子。

■ 單身貴族▼可選擇不花太多時間通勤

若是單身獨居型態，住處最好別離辦公室太遠，才能省下時間去交友和充電；

萬一經濟能力不足，得屈就於距離時，則必須考慮交通替代性。有位朋友在古亭上班，買不起當地小套房，決定退而求其次，買三峽規劃完善的社區，因該社區有交通車直駛土城永寧捷運站，方便她至台北車站轉車至古亭。另一位單身友人，他的工作需大量應酬，為了省錢又省時，索性賣掉位於淡水的大房子，進市中心換間舒適的小窩。

■小家庭▼要把「雙方工作」和「原生家庭」列入考量

若即將或已經進入婚姻，就得考慮人生順位，這時工作只是考量的選項之一，未必排在最前面。雙方的原生家庭也許需要支援、也許可提供協助，這得一併評估進來。很多夫妻選擇**在兩人工作的中間點買屋**以示公平，這也是種考量；**但如果預算不足，我建議將範圍輻射出去，找有捷運、有多線公車、有社區交通車可替代的區域來取代。**例如夫妻若在大安區和信義區上班，負擔不起高房價，機車族可往文山方向看屋，捷運族則可考慮板橋、土城一帶。

專家小提醒

Q：房子買好了，但，該登記誰的名字？

常見登記三大問題，申請前先想一想，免去日後產生糾紛爭吵的可能！

＊問題 1 ▶夫妻合購房產，登記在其中一方，萬一離婚可以主張一人一半嗎？

不一定。若台灣夫妻沒有向法院登記「分別財產制」，就適用法定財產制，離婚時就有「夫妻剩餘財產差額分配」的問題，根據民法第 1030 之 1 條規定：剩餘財產較少的一方，可以提出「剩餘財產分配請求權」。以雙方「婚後」增加財產扣除債務為剩餘財產，要求剩餘財產較多的一方，交出多出的財產，供兩人平均分配。

＊問題 2 ▶若直接登記在小孩名下，是否可以節省贈與稅？

表面上雖然可以省下贈與稅，甚至遺產稅，但是若小孩沒有獨立經濟能力或是目前經濟能力明顯無法負擔購屋款，又沒有相對應的資金流交代，國稅局大多會主動查核，要求當事人補稅。

＊問題 3 ▶換屋族若第一屋與第二屋登記在不同人名下，會產生哪些影響？

最直接的影響是，因出售第一屋繳納的土地增值稅，當第二屋符合自用住宅兩年內重購退稅資格的時候，**如果第二屋登記名義人和第一屋不同，按照規定就不能申請重購退稅。**

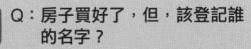

問題2 透天、套房、公寓或大樓，你喜歡哪種類型的房屋？

如果你有錢又單身，透天厝、套房、公寓、大樓，任何類型只要是你所愛都無妨；但如果你有伴侶，買屋預算又有限，就很有討論的必要了。

■透天厝或購地自建▼考慮住家安全和老後方便度

這兩款房屋需要注意兩件事：其一，每月花在保全上的成本絕對不低，除非你住在治安良好且鄰里關係緊密的純樸地區。其二，請考慮人和房子都會老，人老了爬樓梯很痛苦，一棟五層樓的透天厝若要加裝電梯，得花超過100萬；至於透天厝老了得維修，價格會讓你更痛苦。

■小套房▼別壓縮到基本生活空間

小套房從7、8坪到20來坪都有，經常衍生的問題包括洗衣機無處放置、找不到地方晾衣服、臥房和起居室區隔不良等。請切記：單身所需的坪數較小，但基本生活空間不宜太過壓縮，否則很難住得舒服。

■ 公寓&大樓▼房子維修須列入考量

公寓和大樓各有利弊，本篇稍後將提出詳細說明。在此我想先提醒：無論公寓或大樓，房子有年紀之後，或多或少需要維修，公寓、大廈可能有上下漏水的問題，連棟式透天厝（共有牆壁）可能有左右漏水的困擾。

愛一間房子，需有面對它所引發問題的能力和勇氣，在選擇房屋類型時，請把這些事列入考慮吧！

問題3 住宅區、鬧區？你最希望住在什麼樣的地區？

優點的反面就是缺點，你以為自己想要的，未必是你真正需要的。

學區：有人喜歡買在學校旁，認為孩子上學會很方便，但請別忘了，每天朝會廣播、整點鐘聲、下課喧嘩聲，也會如影隨形，而且不出幾年，你家孩子就長大了，到時候要不要搬家呢？

鬧區：有人喜歡生活機能高的地方，下樓就能覓食，但請別忘了，嘈雜、髒亂、多灰塵、車位難找，絕對是附加禮物。

住宅區：有人喜歡安靜，這意味著你下班最好吃飽再回家，假日或半夜想吃消夜時，家裡得隨時存糧，並能親自開伙才行。

問題4 你選擇和誰住得近一點？

有計畫生小孩，還是跟長輩住得近些好

多數年輕人抗拒和長輩同住，然而現代小夫妻多半是雙薪家庭，若打算添寶寶，很需要家人幫忙，得思考男方或女方家有無長輩可伸出援手，若有，儘量住近點就對了。

舉例來說，我好友娘家在中和、婆家在萬華、她在南京東路工作，先生在南港上班，而如果生小孩，婆婆身強體健且有意願幫忙。在自備款有限的情況下，我給她的建議是：往土城捷運沿線找房子！搭捷運不須換車即可從土城到萬華，南港也在同一條線上，而她可在忠孝復興站換車至南京東路，上班和接送孩子的動線很完

美；至於娘家在中和，從土城開車或搭公車都算順路。

問題5 你的自備款來自何方？

房子是高價產品，有能力、有意願花多少錢買屋，得精打細算。Part 1已教大家如何計算自己負擔得起的總價和房貸，在此我們要討論的是自備款，其3大來源通常是儲蓄、投資和向家人借；最後一項難以強求，請將重點放在前兩項。

■一份薪水不夠，接案兼差籌到3成自備款

買屋至少應準備三成的自備款，這筆錢，多數人花3至5年存下來。假設你打算用3年存100萬，代表每年要存34萬，每月要存2.8萬，在此基礎下進行規劃。光靠一份薪水可能存不了這麼多，這時得靠兼差或投資理財來達成。

利用私人時間去兼差是增加收入來源的做法，若能憑藉自身專業能力去接案（前提是不違反公司規定），既增加收入又能累積經歷，是相當不錯的選擇；或做些與平日工作不同的差事，例如到餐廳端盤子、到安親班幫忙帶小孩、當家教等。

但請留意：兼差時絕不要接觸有爭議的場合，哪怕你負責的工作再單純也不行。

■ 穩健理財，強迫自己儲蓄

如果你有投資理財頭腦，初期可購買便宜穩健的股票，等存到多一點錢，再改買穩健但獲利較高的股票。打會也是很多人會做的事，我常開玩笑：如果會被倒，叫投資；如果不會被倒，叫儲蓄。投資本就有風險，請三思而後行。如果沒有投資理財的能力，或擔心自己意志力薄弱存不住錢，那麼郵局的幾年期定存是好選擇，**強迫自己儲蓄才不會把錢亂花掉。總之設法開源和節流，錢才會留在身邊。**

你的觀念正確嗎？買到「會賺錢」的好宅，三大祕訣大公開！

天下沒有憑空掉下來的好宅，想買便宜又理想的房子，多看、多想、多比較是祕訣。很多人只是嘴巴說很想買房子，但卻懶得東奔西跑看房子，甚至也不想跟仲介打交道，這樣是不可能買到「會賺錢」的房子。

祕訣1 選屋最管用的三招：多看，多看，還是多看！

■ 多看屋，累積經驗才知道哪種屋適合自己

很多新手買家對看屋充滿恐懼感，我想告訴大家，**看屋就像談戀愛，多嘗試幾次，有經驗就不怕了，而且成功的機率將大幅度提升。**根據我所了解，沒經驗的

看屋者在看過5到10間物件後，會開始建立概念；看過10間以上後，會開始產生直覺，逐漸了解自己想要什麼樣的房子。

所謂多看，除了多上網關心成交行情、瀏覽出售情報之外，去喜歡的社區請教管理員也是一招，可以打聽到有沒有人打算出售房子。如果認識不錯的房仲業者，請讓他知道你想買屋的誠意，讓他相信你是「準買方」，有時對方會把不錯且還未上網公告的物件，直接Pass給你。

如果透過房仲業者看屋，記得要求看相關書面資料，包括房屋的狀況都應記錄在上頭，例如是否為凶宅（指屋內發生過非自然身故，如他殺或自殺）、是否為海砂屋、輻射屋等，房仲業者都有義務告知並詳加記錄，絕不可隱瞞。

祕訣2 從增值角度考量，市中心比郊區具有優勢

有人喜歡住在繁華的市中心，有人喜歡住在幽靜的鄉間，這本是個人好惡，無所謂對錯。但若從投資的角度來看，都市裡的房子增值速度遠比郊區快，若想藉由

購屋投資兼儲蓄，建議優先考慮都市地區，其增值率往往比較理想。

■買在郊區或鄉間想增值，要評估有無重大建設

郊區的房價多半較穩定，飆漲主要得仰賴重大建設，例如高鐵設站、公共建設等，可能促使當地房價上揚，吸引部分投資客進駐。然而會飆漲就會暴跌，這是不變的定律。整體而言，如果該地區既無生活機能，又少有就業機會，在缺乏基本面支撐的情況下，炒作拉抬的價格終將下跌。

20、30年前，台北市和高雄市的房價差距不大，但無論政治重心、經濟活動、教育資源、工作機會等，台北市都勝過高雄市，自然不難想見，北高房價在現今已有不小的差異，若拿其他縣市相比和台北市相比，差距會更大。

祕訣3 如果想買郊區，需注意交通替代性和話題性

台北市中心的房價對受薪階級而言，是高不可攀的夢想，因此，往郊區和鄰近

縣市購屋是年輕人首購的趨勢，也是想買便宜好宅的常見做法。

■環境和交通，只能從中擇一

這一、兩年裡，升格的城市不少，造就許多話題，房地產價格也因此被帶動。平心而論，升格究竟會不會讓都市發展變快、居住環境變好、房價維持不墜……等等，其實仍是未知之數，不宜過度迷信。

郊區的居住環境未必不好，但考慮到距離工作圈較遠的現實面，通勤的方便性已成為評估時的首要選項。一旦不方便騎車，或是發生捷運、火車停駛時，有沒有可替代的交通方案？總不能火車停擺就請假不上班吧!?當你能想到的替代方案愈多、愈靈活，房子住起來愈安心，增值空間也愈大。

八招必殺技，用「夢幻價格」買到理想好屋

買房子不像一般購物，它是高價商品，議價之前一定要做好功課。以下，我將介紹8招必殺技給大家參考，祝福大家能用最划算的價格，買到心儀的好屋。

絕招1 先查「實價登錄」，了解周邊行情再看屋，才不會當冤大頭

如今網路便捷，要了解房屋行情的管道相當多，包括**內政部地政司的不動產交易實價登錄網站（https://lvr.land.moi.gov.tw/N11/）、各家房仲業者的公司網站，都可以查到區域成交行情。**

■不老實申報將吃上罰鍰，別心存僥倖

有些人會懷疑，實價登錄網站真的能順利執行嗎？假以時日進行宣導，是可行的。根據地政三法，辦竣所有權移轉登記30日內，必須申報登錄土地及建物成交案件實際資訊；如果透過代書或不動產房仲業者，這兩者有申報登錄的義務；若未透過這兩者，由買方負責申報。違反者會被處以3至15萬元罰鍰。

區域行情可幫助我們了解該地區的主力物件是哪些類型，用點心留意，甚至可以察覺物件的銷售速度、平均單價等。建立這些概念後再去看屋，就不會被銷售人員牽著鼻子走。

絕招2 和管理員聊聊天，有助於了解鄰居

千金難買好鄰居，如果左鄰右舍住了特異份子，或難以相處，住起來絕不會愉快。看屋時，建議和管理員聊一聊，看看對方是否穿著整齊，同時打聽一下該棟住戶多數是什麼背景、作息是否正常（以免半夜有人練團或打麻將），順道**看看社**

區的公布欄（若勸說大家請勿亂丟垃圾，則表示有人亂丟垃圾）、管理費缺繳名單（若缺繳戶數很多，代表管委會和住戶素質都不妙），**並看看樓梯間是否乾淨明亮。**如果這一關沒有通過你的標準，建議取消議價，換個社區吧！

絕招3 找出實際坪數總坪數裡含多少公設比？

房屋每坪單價，就是總價除以坪數嗎？為什麼房子看起來這麼小？購屋時就必需要了解**公設比**，也要知道建商將哪些設施列為公設。

以公設來說，大公通常是指樓梯間、配電室、機房、門廳、走道、蓄水池等全體住戶都可能用到的公共設施；小公通常是指各樓層的電梯間、走道等同樓層住戶會用到的公共設施（**若是一樓地下室屬大公、分層屬小公**）。整體來說，「有蓋」的幾乎都會算入公設比，目前公寓的公設約6%至10%，大樓的公設約20%至40%；尤其新建築法規從消防安全的角度考量，**要求8層樓以上的大樓需有2支逃生梯**，以避免失火時的煙囪效應，如此一來，公設比自然會比較高。

■特別提醒▼你買的車位划算嗎？

過去不少屋主習慣將車位灌入權狀坪數中，不過這樣會造成單價拉低的錯覺。因此計算時一定要把車位拉出來單獨計算，比較不會失真。

據我所知，台北市很多建商將坡道車位以10至12坪來計算，中南部建商則常以8至9坪來計算，因此如果沒有拆出來算，車位價格就會讓房屋單價灌水。

舉例來說，假設你以1200萬購買40坪（含10坪車位），看似每坪單價30萬。事實上，你的車位價值大約200萬，計算每坪單價時，應該以（1200萬－200萬）÷（40坪－10坪）＝每坪33.3萬。

再者，頂樓加蓋和露台也應單獨計算，其單價通常是每坪單價的三分之一。如果房屋行情每坪45萬，那麼10坪露台只值45萬÷3×10坪＝150萬；如果外加20坪頂樓加蓋，就是45萬÷3×20坪＝300萬。議價時，一定要把這些灌水地雷找出來。

絕招4 挑剔和讚美都是籌碼，但請注意態度

房子，尤其是自用住宅，我們與家人在此生活，共同構築美好的記憶。人同此心，誰會喜歡別人把自己的家批評得體無完膚？

房屋不是十全十美，理性找出瑕疵爭取好價格

有句俗話「嫌貨才是買貨人」，賣屋者當然有心理準備，知道看屋者會挑剔房子的缺點藉此殺價，然而態度還是很重要的，如果批評的話語太苛薄，或是失之客觀，有時反而激怒屋主，弄得不歡而散。

我會建議看屋者，**最好找親戚朋友同行，由對方扮黑臉提出房子的缺點，為殺價做鋪陳，本人則專門提出較理性的問題，與屋主進行溝通。**當然，適度的讚美也能讓氣氛變好，兩造互有好感的前提下，有時反而會促成交易。

絕招5 學著看謄本，判斷屋主當初的購入成本

看到喜歡的房子別衝動出價，不妨冷靜判斷，屋主究竟是自住客還是投資客，對方當初買下這間房子大約是多少錢。這些證據哪裡來呢？**與其聽屋主或仲介業者的說法，不如學著看謄本找線索吧！**

透過房仲業者看屋，你可以要求對方提供房屋謄本讓你查閱；如果屋主是自售，你可以上「全國地政電子謄本系統」（http://land.hinet.net/price 02.asp）做線上申請，這是公開資料可供查詢，但需要付費。

■ 謄本上透露的資訊：屋主是否為投資客、購入總價多少

房屋謄本上有很多訊息，包括建物地址、總面積、建材、建築完成日期、附屬建物面積（如陽台）、公設持分、權利範圍等。**如果登記日期和出售日期很接近，屋主是投資客的機率就很高；投資客容易因資金調度或為了避稅而急於拋售，自然產生較大的議價空間。**此外，如果建物所有權的權利範圍不是「全部」，就表示還有其他持有人，這時就要留意會不會有糾紛。

建物謄本上的「他項權利部」，上頭會註明擔保債權總金額（見下頁）。銀行的習慣通常是把貸款金額乘以1.2倍來做設定，如果謄本上的擔保債權總金額是1200萬，1200萬÷1.2＝1000萬，這就是屋主當初向銀行貸款的真正額度。

目前銀行普遍願意貸出房價的七成，以1000萬÷0.7＝1429萬，這大約就是屋主當初購入的房屋總價。

絕招6 從周遭環境找尋缺點，做為殺價的根據

房子的缺點往往是殺價的根據，每個人在乎的事情不同，這些缺點如果連你自己都受不了，就千萬別出價；反之如果不介意，不妨稍做記錄，請屋主酌情降價。

■留意房屋周遭的嫌惡設施和風水，殺價有憑據

有幾種風水問題是國人很介意的，例如面對高架橋的「攔腰煞」、馬路正對大門的「路沖」、窗戶望出去是「夜總會」等，殺價幅度絕對很大。

此外，如果住家附近有高壓電塔、加油站、瓦斯槽、殯儀館、焚化爐、飛機場

建物登記謄本，該注意哪些重點？

建物登記第 X 類謄本（部分）
XX 市 XX 段 123 - 456 建號

列印時間：民國 102 年 7 月 25 日 08 時 30 分　　　　　　頁次：1

本謄本係網路申領之電子謄本，由＿＿＿＿＿自行列印

謄本檢查號：

可至：http://land.hinet.net 查驗謄本之正確性

X X 地政事務所

X X 電謄字第＿＿號

資料管轄機關：X X 縣市地政事務所　　謄本核發機關：X X 地政事務所

＊＊＊＊＊＊＊＊＊建物標示部＊＊＊＊＊＊＊＊＊

主要用途：見使用執照 ➔ 一般分為商業用、工業用、住家用、辦公室用等，非住家用不能申請政府優惠房貸。

主要建材：鋼筋混凝土造、鋼骨混凝土造、加強磚造、木造等。➔ 木造或土造可能影響銀行貸款，而鋼骨混凝土造的房屋稅多會較高。

附屬建物用途：陽台、花台、平台、露臺、屋頂突出物

＊＊＊＊＊＊＊＊＊建物所有權部＊＊＊＊＊＊＊＊＊

登記日期：➔ 以屋主持有時間推斷屋主是否為投資客。

登記原因：買賣、贈與、繼承、拍賣、第一次登記（一手屋主）➔ 由屋主取得原因，可做為出價參考。

原因發生日期：簽約日期 ➔ 登記日期為過戶完成日期。

所有權人姓名與地址：➔ 確認簽約人為所有權人。

＊＊＊＊＊＊＊＊＊建物他項權利部＊＊＊＊＊＊＊＊＊

權利人：銀行 ➔ 須特別留意是否多位權利人，設定越多往往表示屋主越缺錢。

擔保債權總金額：➔ 所有權人向銀行借款期間的本利和，一般多為真正借款的 1.2 倍。

設定權力範圍：全部 ➔ 留意所有權人是否持有全部，否則產權難以釐清。

說明1▶以上謄本範例中列出謄本內容最需注意的重點，其他內容依據不同建物有所不同。

說明2▶「土地謄本」和「建物謄本」同樣分為「標示部」、「所有權部」、「他項權利部」三大部分。其中「土地標示部」中的使用分區一般多為空白，可憑地號與建號查詢土地容積率與建蔽率，確認未來是否有都更機會。

等，就是嚴重的嫌惡設施，幾乎都得降個一、二成。

有捷運的房子在交通條件上往往是加分的，但有兩種情況會變扣分：

❶ 捷運只經過卻沒設站，每天被吵昏頭，想搭車卻得走老遠。

❷ 高架捷運軌道正好和房子高度接近，不僅飽受震動和噪音困擾，連隱私權都不保。

絕招7 先議單價，再議總價，最後去零頭

議價是一種標準的心理戰，如果議價時發現砍低總價的策略很難奏效，不妨改議單價。

■ 直接砍價300萬，不如每坪講價8～85折

舉例來說，1500萬買30坪房子和1個10坪車位，如果直接出價1200萬，屋主一聽被砍300萬，不及思考就會拒絕。這時若回頭討論每坪單價，或把車位價格提出來討論，例如車位很小，兩面都有柱子很難停（當然也要謙稱自己技術不好），再說你朋友買的大車位是180萬，請屋主打85折，用150萬賣給你一個難停的小車位，應該

不算過分吧？

接著討論附近新大樓行情，平均每坪45萬，而這棟屋齡已超過10年，打8折一坪36萬算公道吧？一旦對方接受每坪36萬，36萬×30坪＋車位150萬＝1230萬。

你可以反應裝潢已經老舊，得花錢重新整修，請屋主幫幫忙再給個優惠吧！透過這樣分層議價，最後把零頭去掉，至少能以1200萬或更低價格成交。

絕招8 放低姿態，有時可以皆大歡喜

誠意是最好的溝通方式。如果你真的很喜歡這間房子，覺得賣方也很有友善，何不誠懇地告訴對方，你有多喜愛他的房子，並分析自身經濟能力的極限，有時反而能打動賣方。我曾見過買方以哀兵政策，列出自己能籌出和負擔得起的貸款額度，最後賣方果真高抬貴手，歡歡喜喜成交了，還把一些家具、電器都送給買方。

實價查詢網，STEP by STEP 操作解說！

- **STEP 1** 進入內政部不動產交易實價查詢網
  http://lvr.land.moi.gov.tw/N11/homePage.action
- **STEP 2** 點選左方「不動產買賣」

- **STEP 3** 輸入驗證碼

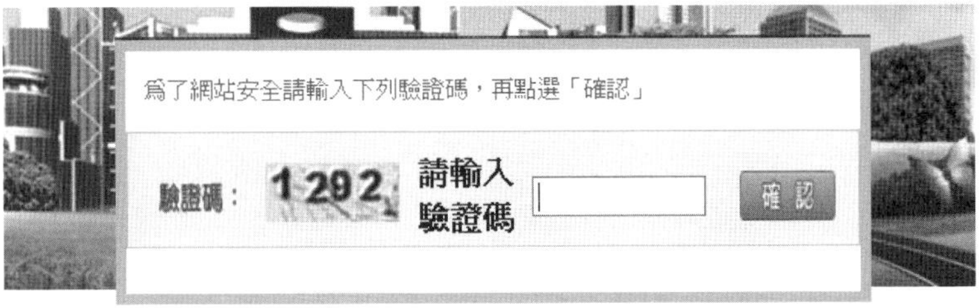

· **STEP 4** 輸入查詢條件（**若是電梯大樓，記得勾選房地＋車位**）

說明：選擇縣市區域、建物型態、交易期間、交易總價、單價、面積、屋齡等……等，甚至可直接填入道路名稱關鍵字搜尋。

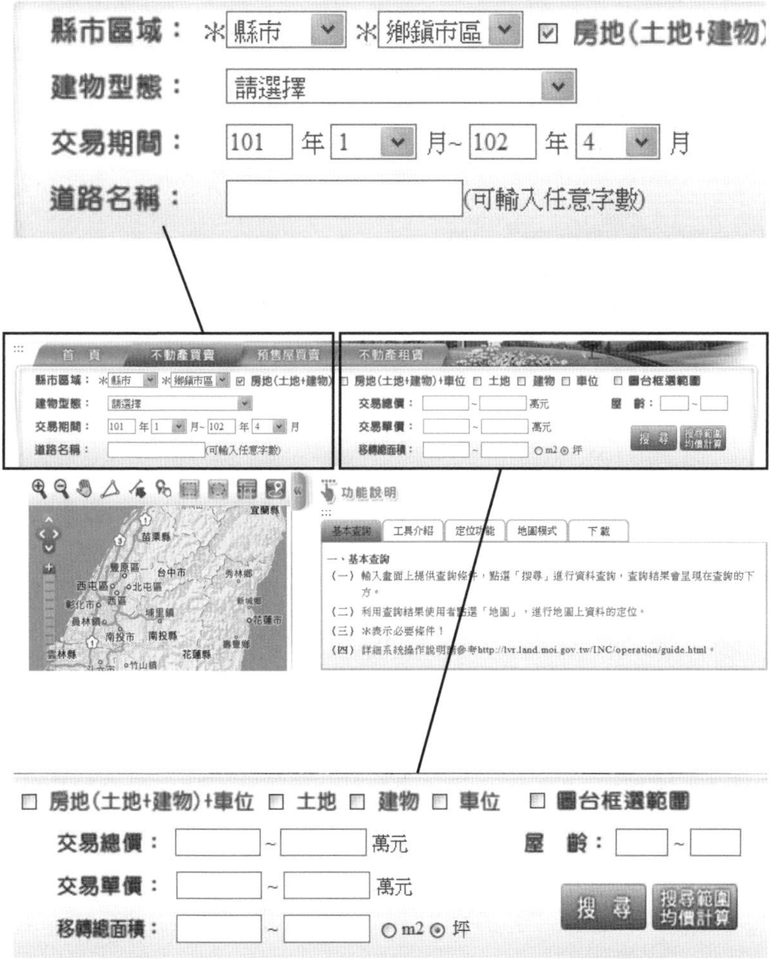

· **STEP 5** 列出搜尋結果

說明：含每一筆物件的地址、交易年月、總價、單價、總面積、交易筆棟數、建物型態和現況格局。

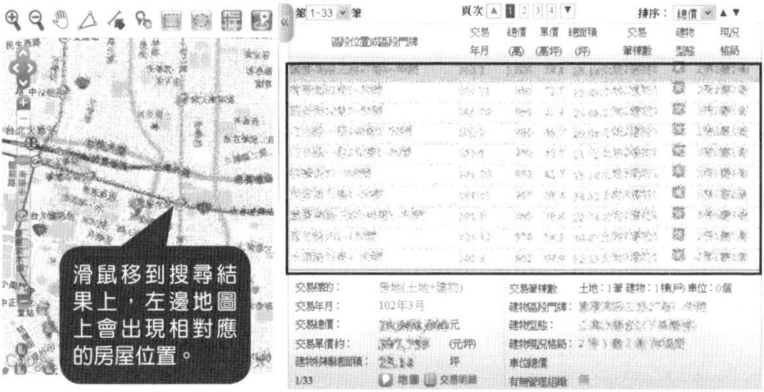

· **STEP 6** 查看交易明細

土地建物買賣 交易明細

備 註 資 料

[illegible]

土 地 資 料

土地區段位置	土地移轉面積	使用分區或編定
[illegible]	[illegible]	都市：住

建 物 資 料

屋齡	建物移轉面積	主要用途	主要建材	建築完成年月	總樓層數	建物分層
	25.14坪	住家用	加強磚造		004	一層

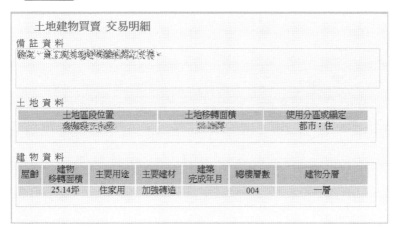

買屋也可以套公式！查完「實價登錄」後這樣算最準！

類型	計算公式	備註
土地價推算預售屋	土地容積成本＋建造成本＋管銷費用＋利潤	**容積率越高、臨路愈寬越有利。**
中古屋	預售屋與成屋之間，屋齡每多一年多 2.5%價差	應同時比較區域行情。
頂加	**未登記**：當地市場行情×坪數×1/3 **有登記**：當地市場行情×坪數	
陽台與露臺	**未登記**：當地市場行情×坪數×1/3 **未登記、有土地持份**：當地市場行情×坪數×2/3	
收益型產品（店面、車位等）	年租金÷年租金報酬率	應同時比較區域行情，投報並高於銀行定存利率。
特殊產品	**國宅**：當地市場行情×70-80% **工業住宅**：當地市場行情×60-70% **地上權（或使用權）住宅**：當地市場行情×50% **小套房**：當地市場行情×110-120%	比較時應以周邊屋齡相近的同類產品（大樓、華廈）為準。

分析1

買全新成屋，還是買舊房子？

若以同一間房子來比較，屋齡愈新，房屋問題愈少，但是購買取得所需付出的成本也愈高。我要先提醒大家：市場上沒有十全十美的中古屋，很多人看屋之所以屢戰屢敗，是因為**把缺點看得太大、把優點看得太小。**

▼決定新舊之前，先釐清自己的籌碼和需求

在討論新舊房子的優缺點之前，大家得先想清楚：**自己的預算究竟有多少？選擇的區域在哪裡？什麼是你的優先選項？**

假設你有2、3千萬，在台北購屋不算多也不算少，不妨先想想：你想要大房

子還是小房子？你願意住得遠一點，用通車時間換取住宅空間嗎？還是寧可家裡小而溫馨，一走出家門就是繁華地段？

▼新宅V.S舊屋，兩造優缺點比一比

■同樣的錢買不同的空間

用同樣的錢，買在新北市的土城區或三峽區，可能足以選購全新的大宅，房間數和大小都很充裕；若想留在台北市中心，恐怕只能買坪數還可以的中古屋，或是坪數較迷你的新成屋。

■舊屋好處▼公設比低，空間大

舊房子的最大好處是公設比很低，**同樣價格可以買到較大的空間，對於有小孩的家庭而言，適用而且划算。**

缺點▼許多既定格局不容易改變，或是得付出極高的代價才能改變，搬進去之

前，可能得花上一筆錢進行修繕。

■ **新屋好處▼屋況佳，未來換屋有利**

新成屋的最大好處是沒有前屋主，做為第一個進駐且擁有這個空間的人來說，是很大的**成就感和歸屬感**；屋況佳、話題多，自然會是現在入住、未來換屋的利基。

缺點▼公設比極高，付出的房價有很大比例是在買公設，同樣價錢能換得的空間相對較小。

專家提醒▼如果該地區的新舊房價差距不大，那麼請衡量自己的能力，選購較新的房子就對了。

▼ **買未成形的「重劃區新屋」，要考慮大環境發展**

到較偏遠的區域買低單價、大坪數的新房子，有個風險要考量。有些人選擇到重劃區購屋，固然省了不少錢，然而周遭仍有許多空地沒開發，一來生活機能尚未齊備，二來造鎮計畫未必能成形，**這樣的大環境將會如何發展是個謎，萬一發展不**

利，房子不容易保值，甚至連居住都很不便。

▼買「高單價的精華區舊屋」，要考慮土地持分比例

如果你不想冒險，選擇在熱鬧的精華區買舊房子，這時除了考慮屋況，也要留意土地持分的比例。若以兩個分數接近、狀態類似的物件相比，**選擇土地持分較大的，會對未來改建較有利。**

▼淡定看待都更，老房子也有它美好的一面

都市更新是近幾年的熱門話題。很多人買舊房子（非指一般定義的中古屋，是指30年以上，甚至是更老的房子）就是為了等待都更，準備改建後好好賺一筆。我認為這不是很安全的做法，常有人患得患失，甚至被房子套牢，悔不當初。

都更絕非那麼容易，很多經驗告訴我們，可能得從爺爺時代拖到孫子才能開花結果。如果你抱此目的去買舊房子，將要忍受多長時間的煎熬？

專家建議▼把等待都更的念頭放下吧！與其奢望飄渺的夢想，不如忘記它，單純享受買老房子的好處，例如這類房子通常座落在早期開發、生活機能良好的地點，或是建材真本實料，格外堅固，且冬暖夏涼。總之，守株待兔不可取，若能無心插柳柳成蔭，倒不妨欣然接受。

Q：買老宅等都更？當心「臨路寬」和「貸款成數」！

很多人不知道，臨路寬影響建商推動都更意願。

臨路寬影響著建築物可蓋的高度，因此，如果你買的老房子位在巷弄裡很深的地方，並未貼近大馬路，被選為都更的機率就很低了，因為建商沒辦法蓋高樓，利潤空間小，意願就不高。相對地，**如果老房子緊鄰著大馬路，或位在第一條巷弄裡，如果住戶戶數不多、土地持分又大，那麼恭喜你，都更的希望指數將會大增**。只要建商和住戶們達成協議，取得完整的建築基地，便可利用大馬路的臨路寬去申請蓋高樓層的建築物，也能取得大馬路上的門牌，雙重利多之下，都更的增值效益會更大。

請別忘了，**準都更宅的屋齡較高，能從銀行貸出的成數很低**，若想買這類房子，得多準備些自備款。即使你的資金調度不成問題，還是要考慮潛在風險，因為若沒等到都更而想出售時，下一位承接者也會遇到向銀行貸款的難度，所以在銷售市場上較不討喜，這點務必要加進來評估，**萬一賣不掉時要如何處理**。

分析2

買預售屋是好主意嗎？有哪些優缺點？

買預售屋，很像用期貨的觀點去投資，以你現在能接受的價格，去預買2至3年後成屋時的價格。買預售屋的風險比買中古屋和新成屋高，但它確實帶給購屋者一些方便。包括定金、簽約、開工款，這些屬於預售屋前期的付款階段，約佔總價的15%，買賣若含買車位，則總價須包括車位價格在內。

▼購買預售屋的好處：自備款付款時間長&預先規劃內裝，省裝潢

買預售屋的第一個好處，是不必一口氣交那麼多自備款，**可分攤在2至3年裡慢慢繳，只要施工進度夠長、夠穩定，便能寬裕地應付工程款**。比起存夠錢才去買

屋，預售屋講究的是存錢的同時已先把房子買下，避免通貨膨脹、房價上漲，好不容易存到錢卻變得買不起。然而，預售屋在簽約和開工時，約需繳出總價的15％，以總價1000萬的房屋為例就是150萬，這筆錢還是得先預存在手。

第二個好處是購買時房屋尚未興建完成，**如果希望在隔間上稍做改變**、將浴室改為不要浴缸、把廚具的色系換掉，或稍挪動水、電、網路線的位置，**只要不影響安全性，建商通常會答應幫忙**，有時甚至不另收費，**此舉可替日後的裝潢省下很多麻煩和開支。**再者，如果建商提供的衛浴設備和廚具不合你意，可與對方溝通請求更換，或乾脆請對方折價，由你自行採購。這份彈性稱為「客變」，也是預售屋最珍貴的一部分，不妨善加利用。

▼購買預售屋的最大擔心是：無法掌控施工品質、工程期不定

購買預售屋時，**施工尚未完成，無法預見施工品質**，只能看著樣品屋和設計圖進行想像，這是最為人詬病的第一個缺點。第二個缺點是，購買預售屋很**怕工程期**

忽快忽慢，有時在短時間內得繳交數筆費用，如果手頭不方便，就有被斷頭之虞。

在交易商品還未完工的情況下，買賣契約更形重要。簽約時必須明列開工、完工、交屋日期，以及各期費用的繳納時間，至於使用建材也要寫清楚廠牌、規格和等級，以免事後橫生糾紛。

建材的規格和等級區分很大，歐規、台規、陸規的價差有數倍之多，遺憾的是一般消費者並無能力分辨；此外，完建後的實際坪數可能和契約所載的坪數略有出入，我們也沒有能力去計算。**如今，很多社區的管理委員會開始委託點交公司，請專業人員替承購戶把關**；包括游泳池變成噴水池、健身房的設備與宣傳不符、地磚大小和樣品屋有出入等，都是經常出現的糾紛。

提醒1 「好建商」是購買預售屋的首要條件

預售屋的風險控管，最重要的關鍵維繫於建商，因此慎選好建商是不二法門。

購買預售屋之前，建議到中古屋市場打聽建商的風評，以往推出建案的口碑就是該公司的履歷表。好的建商會信守承諾，使用好建材不偷料，還能確保施工品質，更重要的是，他們擁有健全的財務體系，不至於發生房子蓋到一半就周轉不靈而人去樓空的窘境。

提醒2 所有的承諾都須化為「白紙黑字」

預售屋的契約和一般房屋買賣契約，同樣需載明土地座落地段、地號、持分比例、棟號、樓層、戶號、坪數等訊息，且建商有義務將建造的平面圖附在契約裡。

銷售人員為提高成交率，可能口頭承諾消費者額外的要求，卻不願寫入契約中，其話術往往是「根據規定我沒辦法這樣寫，可是我們公司這麼大，保證一定說到做到」。在此提醒：**口說無憑，任何大小承諾（包括優惠措施、贈送家具或電器、同意無條件修改格局等），請一律化為白紙黑字，在買賣契約中載明。**

此外，從買屋到交屋可能歷時多年，時間一久，很容易產生認知混淆，有些事若契約沒記載怎麼辦？建議大家把銷售DM留下，有多少版本就收藏多少版本吧！從法律角度來看，**DM被視為契約的一部分，消費者為保障自身權益，千萬記得把文宣廣告留下。**

最後，契約中須將「公設比及項目」、「私有面積及項目」統統條列清楚，才不會在交屋後，因認知差距而大興訴訟。

提醒3 買預售屋要有履約保證機制

有鑑於預售屋交易常起糾紛，甚至曾有建商大規模捲款潛逃、釀成社會問題，內政部決定進行預售屋交易安全機制改革，在民國99年公告了「預售屋買賣定型化契約應記載事項」履約保證機制補充規定，從100年5月1日起生效，消費者的權益受到保障，買預售屋的風險大幅降低了。

保證機制主要分為兩大類，由買賣雙方擇一採行，一為內政部同意之履約保證方式，另一則為其他替代性履約保證方式。其他替代性履約保證方式計有4種選項：

❶ **價金返還保證：**消費者在購屋時，由建商與金融機構簽訂保證契約，建商若

未能如期交屋，將由金融機構如數返還消費者已繳納之價金。

❷**價金信託：**由賣方與受託機構簽訂信託契約，委由受託機構於信託存續期間，按信託契約約定辦理工程款交付、繳納各項稅費等資金控管，達到專款專用之目的。

❸**同業連帶擔保：**由兩家同等級的建商同業相互連帶擔保，若其中一家建商之預售屋建案無法完成交屋時，另一家建商應無條件完成本建案後交屋。

❹**公會連帶保證：**由公會主導，數家建商互相成立協定，若參加協定之建商發生預售屋建案無法完成交屋之情況，其中任何一家建商均應無條件完成本建案後交屋。

中古屋 v.s 預售屋，繳款流程、數目比一比

	斡旋金	定金	簽約	用印	完稅	尾款	交屋
中古屋	房價3%	房價 3%	房價 10%	房價 10%	房價 10%	房價 70%	雙方協議
	定金	簽約	開工	工程期款	使照核發	過戶	交屋
預售屋	房價 1-3%	房價 8-9%	房價 3-5%	房價 10%		房價 70%	房價 1-2%

說明：表中所列繳款百分比為參考值，實際金額依據每家建商、仲介和每家有所差異。

分析3

追著捷運線買房的二個迷思和二個定律

坊間有個說法：如果不知道房子要買在哪，追著捷運跑就對了。對於這番說詞，我個人無法完全認同，如果你有疑惑，請上網查詢大台北地區的捷運地圖，數一數再想一想，大概就能理解我的意思。

迷思1 追著捷運跑，交通便利一定容易轉手？

捷運沿線的房子，因為交通便利性，的確容易轉手。然而在大台北地區，光是目前已經通車的捷運站已多達100個，未來更多路線完工後，可能有兩、三百個站；每個站若以4個出口計算，**位在捷運站旁其實並非奇貨可居**。況且，**如果盲目選**

購，捷運並未與全家人的生活動線吻合，那就意義不大了。

迷思2 最好直接住在捷運站樓上？

如果捷運可做為你通勤、就學的交通工具，住在捷運站附近是很幸福的事，但未必要住在捷運旁邊，保持一點距離可能會更好。

有一種房子叫做捷運共構宅，通常是捷運局、建商和縣市單位一起開發的房子，也就是位在捷運站的樓上，幾乎都是住商混合；它的魅力所在是交通便利，一出捷運就到家，甚至不會淋到雨，所以價格比捷運沿線更高。**如果從投資的角度看，捷運共構宅做為辦公室或住家出租，是滿不錯的選擇；若單純為了自住，自備款有限的人大可省下這筆錢，往捷運稍遠的區域去選屋。**

相比之下，距離捷運站500至800公尺，步行7至10分鐘可抵達，這範圍是很理想的捷運住宅，價格也較寬鬆，特別適合首購族。

定律1 高架式V.S地下式捷運，注意事項不同

像文湖線和淡水線後段屬於高架式捷運，如果房子緊鄰著捷運軌道第一排，價格有時不增反減。**由於國人會考量風水（攔腰煞），加上隱私權不保，還得忍受噪音和震動**，這4項因素便足以降低行情。

像板南線和新店線屬於地下式捷運，不受前述4項因素影響，但在**施工期間要特別注意有無造成鄰損，例如滲出地下水、挖破連續壁等意外事件發生。**等到完工後，安全審查過關，也就少有問題了。

定律2 有捷運V.S沒捷運，價格戰立見真章

在同一個區域內，假設屋齡、坪數、建案等級差不多，這時有無捷運，絕對會影響房價行情。我以最近文山區新推出的預售案為例，在興隆路後段捷運不便的地方（得搭公車去捷運站），每坪開價70萬；在景美靠近捷運站的地方，每坪開價90

萬，兩者足足相差兩成。

▼萬一買不起捷運宅，可以轉個彎做補救

如果你的手頭較緊，第一次購屋沒那麼多錢買在捷運旁，**不妨考慮可利用公車或腳踏車、機車接駁的區域。**只是這麼一來，你要很確定前往銜接的捷運，是你通勤、上學的主力線，若能不再轉車就更理想了。例如住家若搭幾站公車可到達石牌捷運站，而捷運紅線正好能把你送往辦公室所在處台大醫院站，不必再轉乘，這就是很棒的安排。有些社區會開交通車前往捷運站，也是加分的好選擇。

分析4

買大樓v.s買公寓，哪個選擇比較好？

▼大樓的「優點」：可貸較高成數、有管委會服務

就同一區域而言，大樓的價格往往比公寓高，雖然需要較多的自備款，但銀行願意出借的貸款成數也會略高。

■不必爬樓梯方便家有長者，保全和管委讓安全度提升

大樓設有至少一部電梯，最直接的優點是**不必爬樓梯，格外適合有老人、孕婦和幼童的家庭**。某些社區由數棟大樓聯合組成，若能團結一致，戶數愈多就擁有愈強的協調力。多數大樓住戶會設置管委會，協助大家規劃和執行決議後的事項。

大樓的居住型態，往往僱有管理和保全人員，負責代收掛號信、管制門戶、維護社區安寧；此外，有些社區會與環保公司簽約，由住戶在社區內自行做垃圾分類，再交由環保公司代為清運，就不必苦等垃圾車了。

▼大樓的「缺點」：單價高、公設多、需繳管理費

至於大樓的缺點，購買時需付出較大的代價，不僅**單價比公寓高，公設比例也較多**，約在20%至40%。假設付同樣的錢買同一地區、屋齡相當的房子，公寓能取得的坪數絕對比大樓來得多。購買大樓之後，無論你居住與否，每個月都須按坪數繳交管理費。

想買大樓的人，如果是透過房仲業者，記得要求看物件資料表，上面會登記有無代為清運垃圾、每坪管理費多寡等訊息；如果物件資料表上沒有記載，可請房仲業者代為瞭解，然後補上這些資訊。

▼公寓的「優點」：單價低、公設少，土地持分高

公寓幾乎都是中古屋，在都會區裡，因為寸土寸金，建商已經很少推出這類新案。相比之下，20年的公寓算很年輕，公設約在6%至10%；有些30年以上老公寓因為當初登記的關係，根本是零公設，**權狀上載明多少坪數，就能得到紮紮實實的空間**，讓購屋者覺得非常划算。住公寓的另一項好處是免繳管理費，以30坪的房子為例，每月至少省下1500至4500元的管理費。

公寓多會因屋況的關係，銀行貸出的款項可能比大樓略少，其優點在於**土地持分高，將來如果改建，可以分到較多的坪數。**

▼公寓的「缺點」：無人負責公共事務、維修分攤吃力

公寓沒有管理員，僅能依賴熱心的鄰居幫忙大家處理公眾事務，例如抽化糞池、定期清洗水塔和樓梯、維修樓梯照明等，必要時得一戶戶去收錢。然而，熱心鄰居對大家並沒有約束力，若遇到不合作的惡鄰，便無法像管委會那樣發揮作用。

此外，公寓**沒有電梯，必須一階階慢慢爬，如果年紀大了又住在較高樓層，每天上上下下非常吃力**；再者，公寓沒有保全人員，如果大家不隨手關門，安全堪慮。至於收包裹、領掛號信、倒垃圾等雜事，沒有人能代勞，一切得靠自己。等公寓老舊之後，管線如需更新，能共同分攤的戶數少，相對得付較多的錢。

▼從稅金多寡，比較公寓和大樓的價值

以同樣區塊、同樣坪數進行比較，繳納房屋稅時，大樓住戶往往繳得多，因為大樓房子比較值錢；繳納地價稅時，情況正好相反，因為公寓的土地持分較多，所以土地較值錢。

分析5

法拍屋、金拍屋和銀拍屋，這些房子，小老百姓能碰嗎？

無論法拍屋、金拍屋或銀拍屋，幾乎都是因債權問題導致抵押的不動產被拍賣。近幾年因房價飆漲得太快，愈來愈多人關心起這個領域的物件，希望從中找到低成本購屋的機會。

▼認識三者的不同，掌握資訊管道

法拍、金拍、銀拍，統稱為拍賣屋，但其來源還是不同的，以下簡單說明這三種屋的不同：

■【法拍屋】

這是抵押權人依強制執行法，聲請法院拍賣抵押的不動產，會在各地方法院民事執行處以彌封的方式投標。

■【金拍屋】

這是法院委託台灣金融資產服務公司（簡稱台灣金服）拍賣的房子，也是採取現場彌封投標。

■【銀拍屋】

抵押的不動產經強制執行拍賣，若無人願意買，則交由債權銀行承受。銀行做為標的物的所有權人，可自行決定如何處分房子，多為委託民間機構舉辦公開競標。

這三者的資訊，可從司法院、台灣金服、各家銀行、代拍業者的網站查詢。相比之下，**銀拍屋的產權屬於銀行，屋況不致太差，也較少佔用問題，交易風險是最低的。**

▼購買拍賣屋，4個缺點不可不知

■缺點一▼無法看屋，屋況不定

拍賣屋經過債權處分，其屋況是好是壞，很難一概而論；但如果經過查封、拍賣、點交等過程，房子長期無人居住，自然沒被好好照顧，加上購買前無法看屋，只看得見外觀照片，得冒相當大的風險，這是拍賣屋的第一個缺點。

■缺點二▼房子被拍賣，感覺運勢不佳

國人相信風水，姑且不論房屋的實際狀況如何，其前任屋主顯然有財務困難才會導致房子被拍賣，很多人因而遷怒，覺得拍賣屋的風水鐵定不理想。

■缺點三▼買到瑕疵屋的比例很高

法拍屋和金拍屋有的點交，有的不點交（銀拍屋則視銀行規定），**但無論哪一種，瑕疵屋比例都很高**，包括海砂屋、輻射屋、漏水屋或凶宅，都有可能釋出。這牽涉到拍賣宗旨在於處理不良債權，且多數以遠低於市價行情出售，如果想買拍賣

屋，這一點要多想想。**強制執行法修正後，雖然法院須善盡查證義務，但往往人力不足，還是有較高比例的瑕疵屋。**

■缺點四▼尾款繳納期限僅七天

參與拍賣之前，必須繳交投標底價20%的保證金；一旦得標，7日內須繳清尾款，換言之，想買拍賣屋的話，口袋必須夠深，才能在短時間內籌出不少錢，或是熟悉銀行代墊業務，事先打聽清楚才不會臨時慌亂。

▼拍賣屋想撿便宜，得等三拍

大家之所以愈來越關注拍賣屋，其原因在於便宜。理論上一拍是市價的八折，一旦流標，第二拍再打八折（等於六四折）；如果再流標，第三拍再打八折（等於五一折）；萬一還是流標，就進入特拍階段，有意者可洽詢和協調。假設以市價1千萬的房子為例，等到三拍時，底價只剩512萬，光憑這一點就吸引很多人了。

不過近年來，法院多會訂出債務人滿意的價格，因此一拍往往與市價相去不遠，想在拍賣撿便宜，也要三拍之後。

▼購買法拍屋前再次叮嚀，請注意以下6件事

■叮嚀一▼詳讀拍賣訊息

對於拍賣公告和查封筆錄等資訊，一定要詳讀，尤其要弄清楚拍賣標的物，究竟是土地、或房子，還是土地和房子。

■叮嚀二▼算準資金調度力

為應付拍定後7日內一次付清其餘款項，許多銀行有代墊服務，但利率較高；等買下拍賣屋完成過戶之後，可用一般身分申請房貸（同樣適用於政府的優惠方案），再來償還代墊的高利率借款。

■叮嚀三▼還需準備這些錢

除了準備拍定金額，一般購屋需繳交的契稅、規費、印花稅、代書費、火險和地震險保費、修繕費、裝潢費等也需準備。

■叮嚀四▼盡量選擇有點交的房子

不點交的房子可能有租約問題，很多人害怕的黑道圍事、海蟑螂等，能不接觸

是最好，所以還是挑選有點交的房子較妥當。也要想想，萬一屋內有難以處理的東西（如骨灰罈、牌位、神像等）要如何應對。

■叮嚀五▼盡力打聽拍賣屋裡有沒有人居住

不點交的房子，萬一有租屋者住在裡面，因民法規定「買賣不破租賃」，就得等租約期滿才能收回房子；有時為了協調租屋者搬遷，甚至得多付一筆開銷。

■叮嚀六▼留意土地屬性

若是工業用地或商業用地，將無法使用政府優惠房貸。

專家小提醒

Q：法拍屋無法進門看，該如何了解格局？

這是許多法拍屋買家煩惱的一點，如果是公寓或大樓，可以這樣做！

如果是公寓或大樓，最好拜託樓上、樓下的住戶，請對方協助你了解室內格局共有幾房幾廳幾衛，前後陽台是否通風、會不會西曬；或找左鄰右舍幫忙，有些人會願意協助描述屋況，甚至讓你進屋稍微看一下。同層鄰居的格局有可能是反拼，這一點請再做確認。

分析6

小車位大學問！平面V.S機械，該選哪一種？

買房子一定要買車位嗎？在某些社區，答案是肯定的。然而如果有得選擇，買和不買，究竟哪個划算？該選平面車位，還是機械車位呢？

▼從投資角度看，買車位未必划算

■把車位錢換算成坪數，就知道划不划算

有些建案將房子和車位一併銷售，別無選擇，一定得買；有些建案甚至強迫推銷，大坪數住家甚至得買2個車位，其慣用說法是「客人來訪才有得停！」

從居住的舒適度來看，自用住宅加買車位是很理想的事；**但如果阮囊羞澀，到底該忍痛買車位，還是捨棄車位，把錢換成房屋坪數，這就見仁見智了。**

地區不同，車位的投資報酬率也不同

從投資的報酬率來看，買車位未必划算，得精打細算。例如在新北市板橋區車位較少的地段，固定車位每月租金3千至4千元，換言之，一年有3.6萬至4.8萬的租金；假設車位成本是150萬，其實滿划算的。但在台北市中心，平面車位動輒數百萬，若想靠出租獲利，最好選在商業區，白天租給上班族、晚上租給鄰近住戶，取得兩份租金才划得來。**另外也要注意大樓管委會是否同意外車進入，以免買了車位無法出租。**

「平面車位」的優點和缺點

在買賣預售屋時，因車位衍生的糾紛不在少數，最常出現的是**尺寸問題**，等交屋時才發現車位寬度過窄，停妥後根本無法開門下車。內政部營建署決定修正建築物附設停車空間停車位及車道尺寸規定，參考國外停車位尺寸及國內各型小汽車長度，並兼顧使用停車位之便利性及公設面積之合理性，停車位寬度維持原規定之2.5

公尺，長度則由6公尺修正為5.5公尺。

從安全性和方便性考量，平面車位都勝過機械車位，如果預算允許，建議最好購買平面車位。如果買的是中古屋或新成屋，簽約之前**可要求試停看看**，因為有些車位三面環牆，有些緊貼兩根柱子，停車就像考駕照，簡直是技術大考驗。

▼「機械車位」的優點和缺點

■ 優點▼比平面便宜6～8折

機械車位比平面車位便宜，差距視地區不同而異，價格通常是平面車位的6至8折不等。以台北市大安區為例，平面車位約400萬，機械車位約300萬。

標準的機械車位大小，寬度2.5公尺，長度5.5公尺，淨高1.8公尺。這個尺寸，休旅車和一些大車是無法停進去的；此外，機械車位有重量限制，須事先了解清楚。

■ 缺點▼較危險、需保養且不方便

機械車位最大的缺點是危險，並有維修、保養的需求，維修開銷有些社區由管

委會負責，有些由車位持有人買單，至於保養費幾乎都會列入管理費之中，每月向住戶收取。**第二個缺點是不方便**，取車時往往需調度上、下層汽車，萬一遇到停電或發電機故障，更無法順利取車。設有機械車位的社區，管理顯得格外重要，除了要求車位周邊淨空、不得堆放雜物，停車場的進出管制也不容忽視。

▼車位沒有權狀，不能外賣

從屬性來看，停車位有法定停車位、增設停車位和獎勵停車位3類，以下說明這3種停車位的差別。

■【法定停車位】

依都市計畫法建商必須設置的車位，無獨立權狀，只能隨房屋一併買賣。

■【增設停車位】

這是超過法定停車位數量後所增設的車位，可併入公設登記，也可登記為獨立產權，**有獨立產權就可獨立移轉。**

■【獎勵停車位】

是政府用「增加建物容積」鼓勵建商多設置的車位，有獨立權狀可獨立移轉。

基本原則是：**只要擁有獨立權狀，可以獨立銷售、移轉產權，賣給社區以外的人也沒問題；只要沒有獨立權狀，必須跟著主建物一起銷售。**如果沒有獨立權狀，想出租或出售時，須向管委會（管理室）申請擁有某編號車位的使用權證明，而出租和出售對象，必須是社區內的人。

專家小提醒

單獨買車位，小心負擔奢侈稅！

單買車位和買房相同，注意細節才不吃虧！

有些人購屋時沒買車位，事後有停車需求，便於住家附近的社區單獨購買車位，這時有三件事請留意：❶請先向車位所屬社區管委會打聽，**非住戶若購買（或承租）停車位，有無進出社區的資格**；有些社區不許可，買了也無法進入；❷**買車位時，銀行不會貸款給你**，要有全額都是自備款的心理準備。❸**車位兩年內移轉，須負擔奢侈稅。**

學會七種看屋技巧，你也是獵屋高手

看屋是大學問，不過勤能補拙，多看幾遍有益無害。以下6大技巧可幫助大家快速掌握看屋的訣竅。

技巧1 看屋時間點很重要，不同時段透露不同訊息

如果房仲業者告訴你「屋主很忙，只能晚上看屋」，看屋後若對這間房子有興趣，下訂之前，一定要趁白天到附近遛一遛，仔細觀察周遭環境。我的一位朋友在晚上看屋數次後簽約，之後某個白天，才發現頂樓有30支以上的基地台天線，後悔已經太遲。

■【白天看屋重點】

外在環境主要看有無嫌惡措施（如焚化爐、加油站、電塔、變電所、基地台等）、學校和菜市場的嘈雜程度、午後可看市場結束後的髒亂程度；內在環境主要看房屋採光、是否西曬、陽台和窗戶看出去有無奇怪景觀（如墳場、捷運軌道，或正對某建築物的屋角）。

■【晚上看屋重點】

外在環境主要看有無八大行業隱藏在社區中、有無夜市或黃昏市場；內在環境主要看鄰里作息、社區安寧、點燈率（從晚間8至10點的點燈率可看出入住戶多寡，點燈率很低代表投資客比重高，一來容易拋售使價格不易守住，二來可能隨便出租、不按時繳納管理費，導致居住品質下降）。

技巧2 實際測量棟距，以及房子到車站或學校的距離

無論賣新成屋或中古屋，銷售人員或多或少會運用「話術」來吸引人，其中最

常被操弄的是距離。例如棟與棟之間究竟有多少米，這距離極可能被誇大；又如房子到捷運站真的只有500公尺？走到鄰近小學只需3分鐘嗎？找個時間、約個伴，事先算好兩人的步幅，親自去走走看，估算一下差距大不大吧！

技巧3 漏水是大麻煩，一定要謹慎察看

不要只在晴天看屋，連續數天豪雨後，是觀察房子的好時機。漏水是房屋修繕的最大惡夢，看屋時一定要提高警覺，特別偵查以下幾處——

❶ **窗邊▼**如果會漏水，木作部分會顯得潮濕，透過視覺和觸覺可以發現。

❷ **天花板▼**掀開輕鋼架，如果水泥剝落或有發黴的怪氣味代表有漏水問題和徵兆。

❸ **廚房▼**水槽最容易漏水，打開流理臺，摸摸水槽下方有無潮濕。

❹ **廁所▼**馬桶、洗臉槽和浴缸都要檢查，排水後會不會滴滴答答。

❺ **屋內牆壁▼**看有沒有白華（油漆長出結晶體），尤其要注意牆角有無發黴現象。

❻ **房屋外牆▼**看有沒有磁磚剝落，若有，通常代表漏水或滲水。

❼ **請教管理員▼**詢問社區住戶如果漏水都怎麼處理？常有抓漏公司來服務嗎？

專家小提醒

Q：交屋後才發生漏水，怎麼辦？

漏水可稱麻煩第一名，看房時又最易被忽略，交屋後出現漏水狀況，就照下面的步驟處理！

買屋時沒發現，交屋後卻發現漏水，難道只能認賠？別慌，漏水現象只要在180天的保固期內，請先拍照存證，然後由房仲業者去聯絡前屋主，若缺乏回應則寄出存證信函；總之，把握6個月的黃金求償期，幾乎都能得到修繕賠償。

技巧4 格局方正最討喜，房屋座向也有意義

■ 方正格局規劃方便，裝潢克服歪斜或扇形房子

早期流行帶狀的格局，認為這樣的風水容易存到錢，但從空間運用來看，其實很不好規劃。近年來流行方正格局，便於安置家具，如果屋內有歪斜、扇形或角度，多半可利用裝潢來克服。

有些年輕屋主喜歡「創造特色」，要求設計師把整屋子的隔間全打掉，通常我會勸告對方別這麼做，**即使排除了安全結構上的疑慮，也該考慮下一手承接者的需求**。沒有隔間的空曠房子，畢竟不是房屋交易市場的主流，要脫手恐怕較困難。

格局的其他忌諱還包括以下幾項：廁所在中間、廚廁相對、一進前門就看到後門、房屋地基比馬路低等；老一輩會提醒，房子最好是光廳暗房，醒時好精神、睡時好入眠。

通風良好住得舒服，考慮座向，省西曬電費

我個人特別中意通風良好。我常提醒朋友，除非是在大台北都會區，否則兩間浴室最好都擁有窗戶，這樣既明亮又乾爽，住起來特別舒服。

房屋的座向也是考慮的重點，整體來說，西曬的房子會花較多的電費；而國人喜歡座北朝南，主要是因南風溫暖，冬天不至於太凜冽。

技巧5 把可能是「公設陷阱」的項目條列出來

愈是大型社區，愈可能出現公設陷阱，看屋時請把這些有疑慮的地方條列出來，一一審視，必要時請建商在契約中加註清楚。

常見的公設陷阱包括：游泳池變成噴水池或蓄水池、游泳池無法使用（因無救生員或每年只開放一小段時間）、健身房器材太少形同虛設、三溫暖設備與廣告差距太大、圖書館變閱覽室（沒有圖書，只有桌椅）等。

技巧6 看屋時，一定要帶的4個東西

前往看屋時，可別兩手空空、輕輕鬆鬆，有些簡易的小工具能派上用場，幫你迅速掌握房屋的狀況。

❶ **手機**：除了照明，還可測量方位和水平，取代以往的指南針。

❷ **小夜燈**：測試各個插座能否過電。有些老房子的插頭壞得很嚴重，**或是新房子有假插頭**，兩者均形同虛設。

❸ **彈珠或寶特瓶：**滾一滾，就能察覺房子是否嚴重傾斜。如果傾斜嚴重，很有可能是周邊施工造成鄰損。

❹ **捲尺：**用來丈量尺寸大小。尤其是樣品屋，有些建商刻意放縮小版的家具，讓空間看起來較寬敞，這時拿出捲尺測量看看吧！

技巧7 看屋時，一定要做的5個動作

除了帶4個東西初步了解屋況外，這5件動作也務必要做。（注意：屋主若在現場，請先徵求對方同意！）

❶ **打開電源總開關：**觀察是否更新過線路。

❷ **壓馬桶沖水開關：**觀察排水是否通暢。

❸ **在廚房水槽蓄水再排掉：**水管若不暢通，大量排水有時會從地上排水孔溢出。

❹ **摸摸牆壁：**觀察有無潮濕感、有無重新粉刷，有時是為了遮掩發黴和壁癌。

❺ **做筆記：**將看屋的結果做記錄，並將問題一併記下，請房仲業者協助了解。

Q：中古屋、新成屋、預售屋、法拍屋，你適合買進哪一種？

每種房型和價格各有優點，看看你和哪種房最 match ！

＊中古屋

價格最為便宜，房子雖有些年紀，但屋況未必不好，端看前任屋主是否愛惜，有時得花一筆錢去修繕和裝潢；以前的建案公設比例較現在低，所以較划算。**適合自備款充足、想要買屋後立刻入住的人。**

＊新成屋

在各類房屋中，這是價格最高、風險最小的房子，省去房屋老舊、屋況不良的煩惱，也不必因房子還沒蓋好而擔心施工品質。**適合喜歡新房子、自備款充足、想要買屋後立刻入住的人。**

＊預售屋

以期貨概念去買 2 年後的房子，對房屋市場和建築所在區域有深入了解和想法的人，不妨多參考和比較。**適合喜歡新房子、想請建商修改格局、手邊頭期款較少、不急著搬遷入住的人。**

＊法拍屋

法拍屋既無法提供看屋服務，又有點交的風險，很多人因備感壓力而敬謝不敏；然而耐心過濾，仍有希望從中找到物美價廉的物件。**適合膽大心細、具有法律常識、有能力在短時間籌措到現金的人。**

Part 3

如何選擇有良心的好房仲？

了解自己的需求，看穿話術背後意涵，
把握黃金殺價時機！

為什麼買屋、賣屋都要找仲介？

在都會區裡，每1千件房屋賣賣，有8成以上是透過房仲業者來完成交易。為什麼買方、賣方都樂意找仲介幫忙？怎樣的房仲業者才是理想選擇？這是首購族應了解的事。

▼買方需要房仲的3個理由：沒時間、找專業、有保障

買方找房仲服務的比例比賣方更高，幾乎將近九成，其主要理由包括：

❶沒空慢慢找房子，認為有房仲業者把關和帶看，可節省時間和心力。

❷認為房屋買賣牽涉許多法律和稅務問題，找專業的人來辦才放心。

❸擔心產權糾紛遭人詐騙，認為有房仲業者居中處理，比較有保障。

房仲業者對買方收取的服務費，通常是房價的2%，如果最後以1千萬成交，買方須付給房仲20萬。光是看屋並不會產生費用，因此想購屋時，可先將自身條件（包括預算、坪數、期望）列出，走訪幾家房仲公司，從中選擇銷售物件較多、服務較專業的2至3家，留下聯絡方式，對方就會開始進入資料篩選和物件配對，很快就會展開帶看服務。

▼賣方需要房仲的2個理由：有保障、省麻煩

賣方找房仲服務的比例超過七成，其主要理由包括：

❶擔心房子被過戶卻拿不到錢，透過房仲業者比較放心。

❷覺得應付大量的看屋者很煩，交給房仲處理比較省事。

房仲業者對賣方收取的服務費，通常是房價的4%（內政部規定房仲業者向買賣雙方收取的服務費，加起來不得超過6%），如果最後以1千萬成交，賣方須付給

房仲40萬。我**不建議賣方委託給太多家房仲，一來容易引起糾紛**（例如買方若被不同家房仲帶去看同一間房子，將來成交便會衍生爭議），**二來價格不易守住**（各家急於成交，會回頭要求賣方降價）。

委託房仲業者，從這3個角度思考

委託房仲業者時，「品牌、經驗、口碑」是最重要的3項考量。大型的全國連鎖體系是多數人的首選，可是請別忘了，在地長久耕耘也很重要；此外，上網查詢或在鄰里之間打聽，都能探查到仲介業者的口碑。

挑仲介人員時，經驗和熱忱總讓人難以抉擇：有熱忱的業界新人，誠懇實在，把客戶的期望值放在心上，用貼心細心彌補經驗的不足；熟手仲介當買賣雙方出現歧見時，很快就判斷出問題所在，用老經驗避免買賣雙方未來的不愉快糾紛。

每個仲介都有其人格特質，負責任的房仲公司會給予完整的專業訓練，大家請不要落入迷思，以為經驗和熱忱是絕對對立，選擇自己覺得放心的房仲，才能夠達到「委託」的效用。

▼委託房仲時，要簽專任約還是一般約

一間房子究竟能透過幾家仲介公司來賣？這衍生出的問題，就是專任約與一般約，看見兩種契約的不同，再決定要用哪一種。

■專任約▼房子可被專心照顧，但銷售較慢

所謂的專任約是封閉式合約，意即賣方只能委託一家房仲公司來銷售，一旦簽立合約，連屋主自賣都不允許。簽署專任約的好處，在於**房子得以被專心照顧**，在文宣廣告製作、仲介帶看解說等方面都較用心，且售價比較容易守得住；其缺點是相對曝光較少，賣屋的速度或許會稍慢。

■一般約▼曝光率高，要留意價格底線和房屋狀況

所謂的一般約是開放式合約，意即賣方可將房子委託給好幾家房仲公司，各家自行銷售、各家都能帶看，誰的客戶搶先出價成功，賣方就把服務費給這家仲介公司。**簽署一般約的好處，在於曝光率高，可加快銷售速度；其缺點在於各家搶著成**

交，在這種零和賽局之中，價格往往不易堅守，且帶看的仲介不只一人，如果房屋受到損壞，很難釐清責任。

■一般約的委任別超過3家仲介

多數賣方較喜歡一般約，讓賣屋過程縮短一點。我通常建議，即使**簽一般約也不要簽給太多家，以3家為極限**，否則多頭馬車會滋生困擾。如果你是買方，最好弄清楚所看的房子是委託專賣還是多家搶著賣，這樣有助於出價時的判斷。若是一般約，記得出手須較快，也有機會砍掉較多價錢。

Q：謹慎委託，如何分辨「山寨仲介」？

委託房仲時，多數消費者習慣找大型、有口碑的仲介業者，然而在某些地區若沒有全國連鎖的大型房仲，這時候該怎麼辦？

挑選地區型房仲之前，請留意店內須有以下4種證件：**公司營業登記證、不動產經紀人證書、不動產經紀業營業保證金繳存證明、加入在地公會證明**。同時，觀察店內公告的物件時，**以件數較多、建檔齊全、說明詳細、圖片清晰者為優先**。

買房子只能靠仲介？如何自己找？

找房子只能靠仲介？未必！想靠自己的力量當然可以，不過請審慎評估自己和房屋的狀況後，再下決定。

▼這種情況可以自行找房：目標地區明確

如果你鎖定單一商圈，或是相中某個社區，在標的物明確的情況下，即使不透過房仲，也有希望找到理想的物件。

■親友和管理員是自行賣屋的消息來源

有些賣方覺得房仲收取的服務費太高，決定「自行賣屋」，其做法不外乎：告知社區管理員和周遭親友，請大家代為留意、上房屋交易網站登錄自賣、自行張貼紅紙等待有緣人……。循著賣方「自行賣屋」的這些管道去找，即有機會直接和屋主洽談，促成買賣。

▼找房子之前該具備的3種本事

房屋買賣是一門學問，你可以跳過仲介，但不可以跳過「謹慎了解產權」。

當你決定自行找房，有必要先修練幾項本事：

❶如何做產權調查，同時找到法律諮詢管道。

❷一位信得過的資深代書。

❸需要自行調查屋況，而非僅聽屋主的片面之詞。

這些本事在你找到感覺不錯的房子時，保證立刻派上用場，所以須事先弄清楚交易流程和買賣眉角，才能妥善處理法律和稅務相關問題。

▼給自行購屋者的2點建議

自行購屋的最重要關鍵，是讓你的錢交到前屋主手上之時，房子能平安過戶到你的名下。買賣雙方彼此是陌生人，毫無考驗互信基礎的必要，**尋求專業人士的協助就對了**，怎麼保險就怎麼做。

❶**建議找位絕對可信的代書：事先打聽代書的口碑和能力，不要隨便委託。**早期民間常有代書利用當事人對法律不熟悉，趁亂侵占的案例，特別是多人持分的情況下，最容易出問題。若實在找不到，很多連鎖型房仲業者設有代書部門，也對外接受委託。

❷**建議做履約保證：**一旦雙方議定價格，買方會陸續付款，在過戶完成之前，買方先將錢存在建築經理公司，讓該公司以第三人身分進行監管，等過戶完成後，該公司再將錢交給賣方，確保雙方權益。

專家小提醒

Q：「建築經理公司」可以幫我什麼忙？

買方擔心付款出問題，一定要委託「建築經理公司」！

建築經理公司既非銀行，也未從事放款業務，其主要獲利來源，其一是向買賣雙方收取服務費，其二是賺取現金流使用。履約保證的服務費收取標準，通常是房價的萬分之六，例如1千萬的房子收取6千元，買賣雙方各付一半。至於存在建築經理公司的錢，銀行會給予定存利息，而該公司只須付活存利息給客戶，這之間的價差就是利潤。目前在台灣，以安信和僑馥這兩家最具規模。

對買方來說，做履約保證是絕對必要的。萬一賣方不願合作，我建議買方還是獨力承擔，畢竟比起1千萬，用6千元換取保障和心安，絕對值得。

房仲話術大揭密！四種你一定要知道的事

為了促成交易，房仲業者常運用一些話術來刺激買方出價。願不願意被騙是一回事，知不知道被騙是另一回事，建議大家思考一下話術背後的真實面貌。

話術1 「屋主被外派去大陸所以賣房子」➡從房屋細節思考真實性

對於屋主背景的編造，高居話術排行榜之冠，例如：「屋主買給兒子結婚用的，都裝潢好了，年輕人卻不喜歡」、「屋主是有名的設計師，被外派去大陸發展」、「屋主是頂客族，要移民去美國了」……等等。以上話術想傳達的，不外乎：這房子風水好，旺屋主，有利事業發展；屋主並非投資客，不會亂整理房子；

若非要離開台灣，否則屋主不會割愛，買到算物超所值。

讓我們回歸理性面，剝掉美麗糖衣重新審視。思考第一關：這些陳述是真的嗎？如果「為兒子結婚所買和裝潢」，可能用很粗糙的建材和木工嗎？如果「屋主並非投資客」，一般人會選用不耐踩踏的廉價地板嗎？思考第二關：如果陳述是假的，你在乎嗎？若不在乎，對這些話術一笑置之又何妨？

話術2 「從車站走回家只要5分鐘」⬇自己走過一次最準

「從捷運站步行回去只要5分鐘」、「開車3分鐘就能上高速公路」、「到菜市場只要10分鐘」……。以上話術想傳達的，不外乎：生活機能強大、交通方便。

為了取信客戶，曾有仲介約買方實地走一趟進行測速，從捷運站出口開始步行，果然5分鐘抵達家門口。請別忘了，**看屋者對該地區可能陌生，仲介卻很熟悉，他會帶領你穿街串巷，一路抄小路、走捷徑**。但冷靜想想：如果你夜間返家，有勇氣隻身穿梭小巷弄嗎？也不應該教育孩子這麼做吧？比較有建設性的做法是**規**

劃一條安全的動線，用正常步幅走一遍，重新測量比較保險。

話術3 「今天早上有人出價斡旋了」➡冷處理，別隨之起舞

「我同事的客戶今天早上下訂了」、「另一位買家出880萬，賣方正在考慮」、「如果你真的喜歡，添個20萬應該有希望」……。以上話術想傳達的，不外乎：要你趕緊出價、價格最好高於多少錢。

要不要隨之起舞是你的選擇，我通常會建議**冷處理**，該考慮、該打聽的步驟一項都不能少，反正房子很多，買不成這一間，會有另一間出現，你的堅持若將就了，未來鐵定後悔。不妨告訴房仲「880萬超過我能出的價」、「算了，我放棄，總不好讓屋主蒙受損失」、「有人下訂？那恭喜屋主了！」

話術4 「屋主開的價在這一帶算很低」➡上實價登錄網站見真章

「這附近的房子很少有人願意出售」、「這是用公寓的行情買大樓，超划

算」、「屋主急著脫手才開價這麼低」……。以上話術想傳達的，不外乎：物件很珍稀、錯過就沒了。

如今資訊流通發達，屋主開價是否真的便宜？有沒有灌入頂樓加蓋、露台或車位的坪數？該地區的銷售物件真的很少嗎？**逛逛房仲業者和實價登錄網站，答案立見分曉。**

買屋和賣屋有時是心理攻防戰，我覺得誠懇是最好的應對方式，此外，**抓穩自己的步調，不要因外在說詞而自亂陣腳**，這樣即使仲介的話術再漂亮，也不會干擾你的決定。

除了把價格殺到底，還能為自己爭取什麼？

以賣方能接受的最低總價購入房子，是每位買屋者的心願。然而當議價狀況僵持，或是已沒有再降價的空間，最後，買方還能為自己爭取些什麼？

▼最後運用「樓層」和「設計弱點」再殺一次

當殺價殺到不能再殺時，最後一把，**請考慮物件的樓層特質，再試殺看看。**

基本情況下，大樓樓層愈高愈貴，因為景觀漂亮；公寓則相反，爬樓梯很累，所以愈高愈便宜。如果你要買的是大樓的3樓，屋主開的售價卻和11樓成交價差不多，那就很值得提出來討論了。又好比早期設計，如果加壓水箱被裝在大樓的15

樓，而你要買的13樓或多或少會聽見馬達聲，最後關頭請再提出爭取降價，請屋主針對這一點再給予優惠，說法上請委婉，就當是「加裝隔音窗的貼補」。

▼【中古屋】：殺價無望，請屋主把部分家具留下吧！

買中古屋時，如果談判過程愉快，可嘗試開口請賣方把一些家具、家電或裝潢留下來，如此無異又省下一筆開支。

我的個人經驗是將心比心，去包容房屋無法改善的小瑕疵，賣方高興之餘，主動將多台分離式冷氣全送給我，這簡直是意外的驚喜。我的朋友在新婚買屋時，大大誇獎了前屋主的嬰兒房，最後成交時，對方把嬰兒床、安全座椅、娃娃車都當禮物送給這對小夫妻，祝他們早生貴子。還有不少朋友獲得了沙發、電視櫃、書櫃、豪華吊燈、空調等禮物，賓主盡歡。要促成此事，關鍵在於**彼此說話互留餘地**、**保持和諧的氣氛**，否則我也曾看過賣方施行「焦土政策」，除了空屋，其他一概不留的情景。

▼【預售屋】：可要求更多！約定好的全部寫進合約中

買預售屋可以要求的好康更多！你可以和售屋人員針對贈送的禮物一一討論細節，如果不喜歡對方提供的品質，可要求折價退費，由你另行採購；也可以要求建商更改花色或型號，這就是「客變」的彈性。請切記：所**有的約定請詳細寫入合約中，包括品牌、規格等，做為日後點交時的憑證。**

▼【新成屋】：最後幾間餘屋可以要求樣品屋家具贈送

新成屋要到禮物的機率最低，不過，如果是面臨結案的最後幾間餘屋又不同了。你可以要求看樣品屋，然後請銷售人員將部分家具贈送給你，或以低價轉賣給你；例如窗簾可以要求贈送、餐桌椅和沙發可半買半送，連現場的涼風扇、吊燈都可逐一討論。不過**樣品屋的設計以好看為主要考量，品質未必耐用**，這一點請自行斟酌。

買房子有黃金時段嗎？把握這二種情況下的議價空間！

想擁有較大的議價空間，**預售屋請把握推案初期，新成屋則在即將結案時**，可以撿到一些便宜。

▼建案初期為營造熱銷，議價較有希望

建案剛開案之初，為了把銷售量衝高，營造熱銷印象，初期買屋的人有較大的議價空間。此外，當建照尚未發下，很多銷售人員會叩客偷跑，找熟識的準買家來看建案，透過寫預約單（紅單）的方式，只需付3至5萬元訂金（單價高則可能達十幾萬），取得優先購買權。等建照核發後，進入正常銷售程序，儼然迅速進入了

近完銷狀態。由於預約單並非買賣契約，如果下了紅單卻後悔不想買了，建商必須將訂金全數歸還。

▼新成屋代銷即將結束，最後幾戶便宜賣

如果是已經蓋好，購入即可交屋的新成屋，當代銷進入最後階段，只剩下幾戶餘屋時，**由於可選擇性變少，通常會降價拋售，或接受買方較大幅度的議價，以求儘速結案。**若能在此刻挑到喜歡的樓層和格局，那真是福氣，頗有希望低價入手。

專家小提醒

Q：如何判斷預售現場的熱銷真假？2大技巧一定要知道

現場鬧烘烘，不斷傳來成交的敲鑼聲響，銷售看板上甚至貼滿紅單，讓人覺得若不趕緊下訂會買不到。這種熱銷場面是真的嗎？

想知道不難。首先，考慮建案是否在交通不便的地點，如果是，門口和停車場的汽車必須大爆滿，否則滿屋子客人如何來到此處？再者，詢問建案推出的總戶數，再觀察半小時內的銷售戶數，相除之下便能判斷多久後會完銷，如果遲遲賣不完，熱銷就是假象。

專家小提醒

Q：最近興起的買房團購熱潮，真的能A到優惠嗎？

通常團購跟建商買「預售屋」和「新成屋」，才可能有較大的殺價空間。

＊對建商來說，一口氣買多戶可殺價

對預售屋和新成屋來說，團購是有機會省錢的，能一次售出數戶，畢竟可緩解銷售人員的業績壓力。很多科技新貴財力驚人，買房子毫不囉唆，只要看中某個建案，登高一呼，總能約到幾個好同事一起去買，團結力量大，這個道理套用在殺價上也是一樣。

＊對仲介來說，團購也難省下服務費

但如果是中古屋，尤其是透過房仲業者購買，對方賺取的是服務費，每個物件會核發訂好的獎金配比，哪怕一口氣買好幾戶，房仲人員也很難將服務費打折，因為那是公司的規定，而非他的個人權限。

＊若與房仲、建商熟識，他們能這樣幫你

話說回來，如果和房屋仲介業者熟識，他們還是能在許多地方幫你的忙。例如遇到合適的物件，在銷售訊息尚未公開之前，優先告知你，你就有希望以理想價格搶到好房子。

Part 4

掌握簽約、交屋前「絕不吃虧」的四個要點

合約要載明，費用要清楚，
就能避免交屋後發生的各種糾紛

買屋須經過的步驟

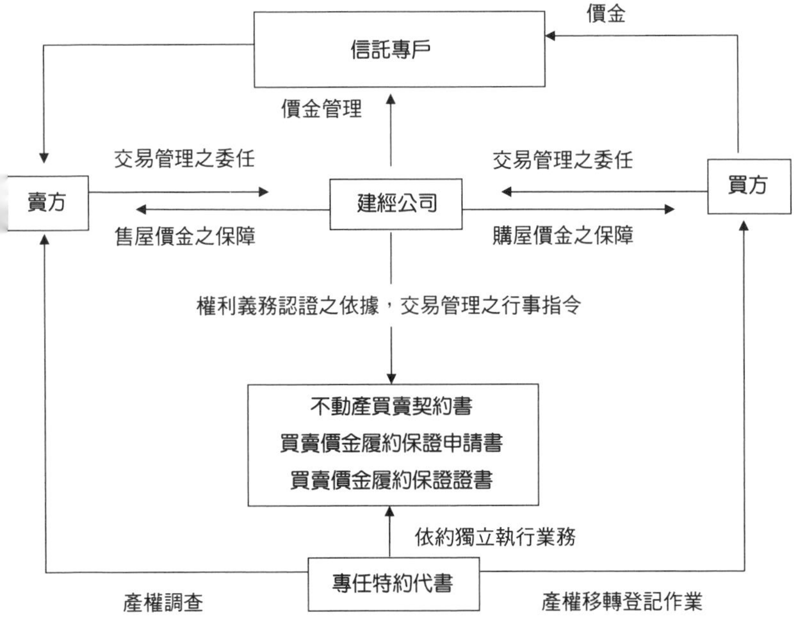

價金
信託專戶
價金管理
交易管理之委任
交易管理之委任
賣方
建經公司
買方
售屋價金之保障
購屋價金之保障
權利義務認證之依據，交易管理之行事指令
不動產買賣契約書
買賣價金履約保證申請書
買賣價金履約保證證書
依約獨立執行業務
專任特約代書
產權調查
產權移轉登記作業

履約保證流程說明

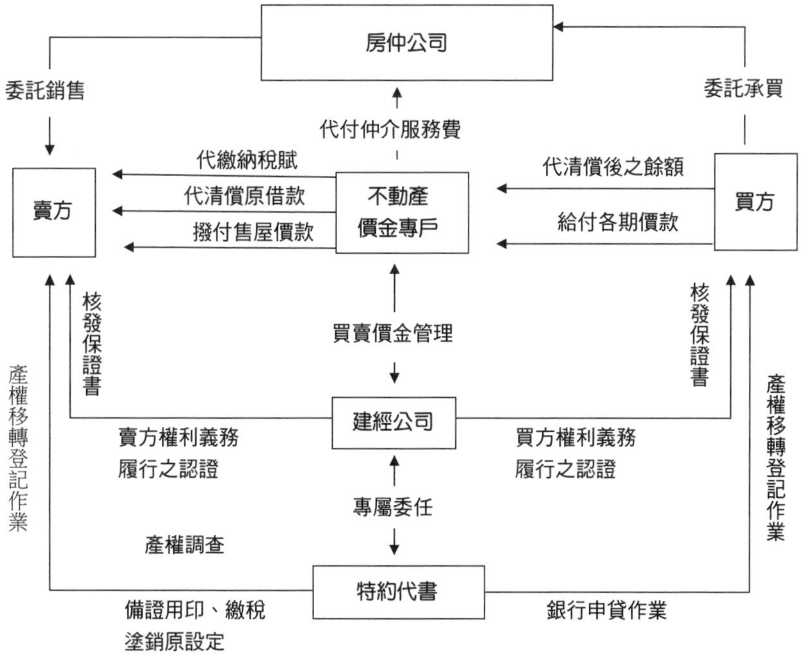

資料來源：住商不動產企劃研究室

房仲、代書及買賣雙方各階段作業

各階段	房仲及代書作業	買賣雙方作業
簽約前	通知建經公司確認使用「買賣價金履約保證」之約定及作業。	買賣價金、付款方式、設備、意見溝通
簽約時	完成所有文書簽訂作業，並由特約代書代核發保證書，買方簽約金必須盡速存入信託專戶。 由特約代書將相關文書資料送交建經公司存查。	簽立「履保專用之不動產買賣契約書」、「買賣價金保證申請書」，收執保證書及匯款提示卡，並依約給付簽約款及權利文書。
用印	通知買方給付用印款，特約代書與賣方完成備證及用印手續。	買方將用印款存會入信託專戶，賣方配合備證用印。
核稅單	❶ 特約代書確認買方之義務已履行完畢，並代收擔保本票。 ❷ 特約代書傳真稅單至建經公司。 ❸ 通知買方給付完稅款。 ❹ 再確認應代償賣方之債務金額。	❶ 買方將完稅款存匯入信託專戶。 ❷ 買方無須辦理貸款者，將尾款併同完稅款全數存匯入信託專戶。 ❸ 買方需申辦貸款，並以之沖抵尾款者，應於完稅前開立與尾款同額，以建經公司為受款人之擔保本票，並完成與金融機構之對保借款手續。
完稅	特約代書至指定銀行由信託專戶內代繳納稅金。	
過戶	核對建經公司傳送之結帳明細內容，通知建經公司點交日期。	
點交	❶ 將點交證明書及謄本正本寄交建經公司。 ❷ 將房地產點交證明書及登記謄本寄交建經公司。	買賣雙方簽立「房地產點交證明書」，建經公司將價金餘額匯入賣方指定之金融機構帳戶。
結案		賣方確認價款收受無誤。

資料來源：住商不動產企劃研究室

「成屋買賣定型化契約」，一定要簽

內政部在民國101年10月29日公告了**「成屋買賣定型化契約應記載及不得記載事項」**，經過半年的準備期，**從2013年5月1日起正式實施。**從此，企業經營者（指建商）與消費者訂定成屋買賣契約時，有了更可靠的依據，相信可使糾紛減少，讓購屋變得更有保障。

在內政部地政司全球資訊網（http://www.land.moi.gov.tw）有「契約書範本」及「成屋買賣定型化契約應記載及不得記載事項QA」，有需要的人可自行下載。而根據「成屋買賣定型化契約」，**應記載及不得記載的事項共有13項，既是不動產從業人員須熟知的內容，也是消費者購屋前應建立的概念。**

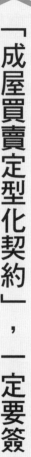

▼成屋買賣定型化契約應記載6個事項

❶企業經營者應讓買方攜回審閱契約條款的期間至少5日。
❷各期付款的款項可分為簽約款、備證款、完稅款、交屋款。
❸貸款金額少於預定貸款金額的處理方式。
❹買賣標的應繳納稅費負擔之約定。
❺賣方應擔保買賣標的物權利清楚無被他人占用或占用他人土地。
❻買賣雙方逾期交屋或付款之違約賠償責任，其解除契約者，違約金不得超過房地總價15%。

▼成屋買賣定型化契約不得記載7個事項

❶不得約定買方須繳回契約書。
❷不得約定買賣雙方於交屋後，賣方排除民法上瑕疵擔保責任。
❸不得約定廣告僅供參考。

❹不得約定使用與實際所有權面積以外之「受益面積」、「銷售面積」、「使用面積」等類似名詞。

❺不得約定請求超過民法第205條所定20%年利率之利息。

❻不得約定拋棄審閱期間。

❼不得為其他違反強制或禁止規定之約定。

▼建商須以書面列清，讓訊息更加透明化

未來，建商對房屋現況必須以書面列清，包括：房屋未登記之改建、增建部分、房屋現況格局及建物型態、漏水情形、輻射屋檢測、混凝土中水溶性氯離子含量檢測（如海砂屋檢測事項）、曾否發生兇殺、自殺或一氧化碳中毒致死之情事、是否為直轄市、縣（市）政府列管之山坡地住宅社區等事項。上述訊息透明化對消費者而言非常重要，讓購屋保障向前邁出了一大步。

專家小提醒

任何條件和承諾口說無憑，白紙黑字寫下來！

白紙黑字有憑據，「成屋買賣定型化契約」大大降低了買賣房屋後的糾紛，同時對於消費者也更有保障，不用擔心初次購屋或換屋時遇到不良建商，只能事後摸摸鼻子自認倒楣了！

要點2

議價簽約之前，務必要確認的五件事

確認1 不會買到海砂屋

檢測海砂屋必須挖3個50元硬幣大小的孔，抽出水泥檢測氯離子含量。不過屋主多半不願意接受檢測，萬一結果不好，絕對會影響房價。如果鄰居有人做過檢測證實不是海砂屋，很幸運就能搭便車圖個安心；萬一沒人做過，怎麼辦呢？有3個簡單的方法可以幫助你檢查：

方法❶ 打開輕鋼架：看看鋼筋水泥有無剝落，這是海砂屋的特徵。

方法❷ 到公共空間觀察：光看屋內還不夠，有些人為了賣屋已經整修過了，看樓梯間和頂樓的鋼筋水泥有沒有暴露在外，如果有就應做合理懷疑。

方法❸ 動動手指上網：如果房子座落在台北市，建管處有列管海砂危樓和海砂屋的地址，上網即可查詢。

確認2 不會買到輻射屋

輻射屋檢查比海砂屋更簡單，當你決定購買前，可要求房仲業者做此檢測，但費用多數是由提出檢測者負擔。原能會已針對輻射屋造冊列管，**上網也能查詢到地址**；此外，**輻射屋以民國71至73年所建的比重居多**，這些都是可參考的依據。

確認3 不會買到凶宅

凶宅不易打聽，因為隱惡揚善是國人的習慣。許多購屋者知道自己買到凶宅，都是在搬入後，因與鄰居起口角時才曉得的。台灣凶宅網雖有資料可查，但件數有限，可在網路上輸入社區名稱或地址，加上「意外」、「自殺」、「命案」等關鍵字去搜尋。

■凶宅糾紛多判和解

因買到凶宅而鬧上法院的人不少，但很少有解約的情形，主要是法官認定凶宅不像輻射屋和海砂屋那樣會危及性命安全。根據以往判例以和解居多，多半會減損房屋價格，返還20%左右的房屋價金。

確認4 事先打聽社區規範

有些人買了房子之後，才發現很難開心的住進去，因為和社區規範衝突太大，而根據公寓大廈管理條例，住戶有遵守社區規範的義務。最常見的幾個爭議點，包括「不准養寵物」、「不准裝鐵窗」、「冷氣主機不得外掛」……。**因此建議看屋時就應先打聽清楚，甚至到管委會借本社區公約手冊瀏覽**，以免事後產生糾紛。

確認5 看屋時檢查這些施工品質

房子蓋得不好，從細節就能看出來，所以**看屋時不僅要看格局、方位，還要留**

意施工品質，包括大門有無扭曲變形、窗戶的密合度、馬桶和水龍頭有無滲漏、照明開關及電器插座可否通電、天花板會不會看到接縫、地板是否平整、磁磚是否對齊及有無裂痕。如果施工品質不好，買屋之後需處理修繕問題的機率將大增，這一點請三思。

理性挑瑕疵，買賣雙方都歡喜

誠如前文所言，市場上沒有十全十美的中古屋，小瑕疵只要可以處理，理性討論就好，不必弄僵彼此的關係；倘若是嚴重的瑕疵（如壁癌），務必要求屋主修繕完成再交屋，**如果對方不願意處理，則應進行討論，請賣方折抵一筆費用給買方。**

要點3

議價簽約之前，不可忽視的五項權益

決定就是這間了？恭喜你找到中意的房子！在步入議價和簽約之前，以下5項權益是你該知道的，誠實的仲介業者也應主動提醒你。

權益1 決定簽要約書或付斡旋金

■ 斡旋金可轉訂金，合約上需註明

當你想要承購某間房子，通常仲介會請你先拿出一筆斡旋金（通常是房價的5％以下）以示誠意，然後房仲人員正式代表你與賣方進行議價，在這往來討論的

過程裡，**如果雙方有了共識決定簽約成交，斡旋金即被轉為訂金**；然而，如果雙方談判沒有結果，斡旋期一到（通常是3至5天），房仲必須將斡旋金全數歸還買方。當斡旋金轉為訂金後，如果買方後悔不想買了，訂金會被沒收；如果賣方後悔不想賣了，必須加倍賠償。**如果你決定將斡旋金轉為訂金，可要求在合約上註明：如果銀行房屋貸款成數不足幾成，合約自動解除，買方不必付任何賠償責任。**

■是否先拿錢，選擇權在自己

事實上，除了拿出斡旋金之外，你還有另一種選擇，可以簽內政部所制定的要約書，那就不必事先拿出錢了。行政院公平交易委員會曾要求仲介公司，應主動告知消費者這項權益，但多數房仲即使說了，也會以「屋主看到錢，談的意願比較高」來說服你拿出斡旋。然而別忘了：選擇權在於你，而非仲介；如果你決定拿出斡旋金，那麼請詳細審核書面契約，了解拿出這筆錢之後，自己、賣方和仲介之間的責任與權利。

權益2 絕對不為任何理由放棄合約審閱期

合約具有法律效力，一定要逐字閱讀，不了解之處更要詳細問清楚，而非跳過去。以前常有不肖建商為了促成交易，用各種手段哄騙消費者，讓他們簽下自願放棄審閱期的文件，導致很多買屋者事後才發現合約有問題，只好鬧上法院。

對於這一點，2013年5月1日新法上路後，「成屋買賣定型化契約應記載及不得記載事項」明白規定：「企業經營者應讓買方攜回審閱契約條款的期

斡旋金 v.s 要約書，哪一種最能保障權益？

	斡旋金	要約書
定義	業者與賣方進行議價之用之費用。	表達買方購買與出價意願之文件。
優點	❶ 可充分表達買方誠意，並降低議價難度。 ❷ 合議後直接轉訂金，避免賣方毀約，可保障買方權益。	買方不必先支出費用（但買方仍需負擔法律責任）。
缺點	不肖業者可能捲款潛逃。	❶ 賣方不易信任買方，議價難度提高。 ❷ 容易因買方輕率下要約而造成糾紛。

間至少5日」，可以想見這類與建商間的糾紛將會減少。請牢記：**買房子是人生大事，不要為了任何理由而急就章，把握合約審閱期是你的權益。**

權益3 監督房仲和代書徹底落實「產權調查」

房仲業者和代書會為你做好產權調查，如果你自行購屋，請高規格看待此事。當你看見出具的謄本時，除了要注意有無其他債權、抵押設定，還要注意申請謄本的時間。**在簽約和交屋時，代書應幫你調出最新的當日謄本**，以免前屋主在這段期間又拿房子去做抵押。

權益4 事先打聽清楚可能會產生哪些費用

你可要求房仲和代書幫你列出「估計可能產生的費用清單」，事先了解契稅、規費、印花稅、代書費、仲介費、分攤當年度房屋稅和地價稅、申辦銀行貸款的相關費用、火險和地震險保費、產權調查過程的文書申請和工本費等價格，**即使不是**

明確數字，至少八九不離十，將來多退少補，有心理準備總是好的。

權益5 簽本票時要注意的事情

以房價1千萬，自備款300萬的物件為例，當你付到100萬左右，貸款已撥下來，房子也過戶了。站在賣方和房仲的立場，會很擔心買方跑掉不付尾款200萬，因此會要求簽尾款擔保本票。細心的代書在過戶前會要求驗本票，如果買方抵賴不付款，賣方可持本票聲請法院裁定後強制執行。

簽本票時，務必留意金額要與尾款一致；當尾款付清時，千萬記得取回本票並作廢。

代書作業簡要流程表及各階段應備事項

<table>
<tr><th>階段</th><th colspan="2">賣方</th><th>買方</th></tr>
<tr><td>簽約
＋
用印</td><td>本人：
身分證正本、印鑑章、建物權狀正本、土地權狀正本、最近一期房屋稅單、最近一期地價稅單、最近一期繳息單正本、戶口名簿影本（申請自用增值稅）、印鑑證明（一年內有效）、水電瓦斯管理費收據、訂金（要約書）收據、確定增值稅申報方式（自用或一般）、代書簽約金（1 千元）、服務費（七成，履保專戶支付）。</td><td>代理人：
授權書（蓋印鑑章）、印鑑證明（授權人）、身分證正本、印章。</td><td>身分證正本、印章、簽約、用印款、訂金（要約書）收據、確認貸款條件、代書簽約金（1 千元）、服務費（七成）。</td></tr>
<tr><td>完稅</td><td colspan="2">繳交增值稅款（履保專戶支付）、清償證明（代清償者則免）。</td><td>完稅款（匯履保專戶）、繳交契稅款、預收規費</td></tr>
<tr><td>交屋</td><td colspan="2">買賣契約書、印鑑章、鑰匙、代書費（貸款塗銷）、服務費（三成）、履保費（萬分之三）。</td><td>買賣契約書、印鑑章、尾款、代書費、服務費（三成）、履保費（萬分之三）。</td></tr>
</table>

資料來源：住商不動產企劃研究室

要點4

交屋時確認五件事，免除日後糾紛

當買方把尾款付清，買賣雙方就應該在房仲業者的陪同下，進行交屋手續。交屋時，除了根據買賣契約確保約定事項（如賣方答應修繕、附贈家具等）確實執行外，還要留意費用的分算、屋況等，才能免除糾紛的發生。

確認1 銀行撥款時間和金額

有關設定、撥款、代償等事項非常繁瑣，代書會負責將這一切辦妥，但**買方有必要確實了解進度已到達哪個階段，特別是撥款時間和金額。**

如果賣方沒有貸款，代書辦好產權過戶後，買方的承貸銀行會先辦貸款抵押權設定，之後就進行撥款。如果賣方有貸款須償還，買方的承貸銀行辦好貸款抵押權設定後，就會進行代償作業，然後取得清償證明，辦理賣方原抵押權塗銷登記。

確認2 再次檢查「風火水電光」5大屋況

交屋時，請再次確認**風**、**火**、**水**、**電**、**光**5大屋況。

❶ **風▼** 指通風，包括門窗是否完好、空調是否運作正常。

❷ **火▼** 指瓦斯管線，若是高樓層，則加上消防灑水及煙霧警示系統。

❸ **水▼** 指給水和排水，主力在於廚房和浴室，是否有水壓過小、漏水、堵塞等情形。

❹ **電▼** 指電力插座（記得帶小夜燈去測試），較新的大樓還包括網路線。

❺ **光▼** 指照明開關和設備，較新的大樓還包括監視器、對講機。

確認3 交接權狀和鑰匙要確實

交屋時，你應該拿到所有的權狀，包括土地所有權狀正本（每個地號都應有一張）、建築物所有權狀正本；若是建商交屋，還應拿到房屋保固證書（結構體保固15年）。如果有做輻射屋、海砂屋檢測，**務必拿到檢測保證書，未來你要賣屋時會用得到。**

新屋入住前的提醒：拿到房屋鑰匙之後，應以最快的速度將鎖換掉，如果是電子號碼鎖必須重新設定，才能保障自己身為新屋主的權益。

確認4 核算該與賣方分攤的費用明細

這部分，房仲和代書會列出計算方式，買賣雙方只要檢核就可以了，主要是分攤當年度的房屋稅和地價稅，以及水費、電費、瓦斯費等費用。

■ 用交屋日當作基準計算分攤

約定俗成的算法是以交屋日為基準，按月份或天數分攤。例如4月1日交屋，一整年的地價稅若是1萬2千元，賣方需負擔1萬2千元÷12×3＝3千元，買方則負擔1萬2千÷12×9＝9千元。所有的費用都循此模式計算。

如果是大樓住戶，簽約用印時，代書會要求賣方出具社區管理費的繳納收據，但交屋時，得再確認從簽約到交屋這段期間，賣方是否已將管理費繳清；必要時須加入分攤的項目中，同樣以交屋日為基準。

確認5 核算代書與房仲經手的開支和服務費

這部分，買方除了付給房仲的仲介服務費，主要還有代書費和其他稅額、經辦費用，在第1章有詳細的說明，不另贅述。好的代書會將所有開銷羅列出來，並附上憑證和收據給買方。

【買賣】【貸款】【稅費】專有名詞查詢表，一定要懂！

看懂這些專有名詞，無論買或賣，不被別人牽著走！

＊買賣

【點交】：購買法拍屋後，書記官和當地管區員警會陪同得標者到房屋現場，強制執行，依法點交房屋給買受人。

【過戶】：因買賣、繼承、贈與或其他形式，針對不動產進行產權轉移登記，須至地政事務所辦理。

【公設比】：須分擔的公共設施面積除以建坪面積即為公設比；公寓公設約 6% 至 10%，大樓約 20% 至 40%，新的電梯大樓多為 30% 以上。

【地坪和建坪】：地坪是建築基地的坪數，建坪是建築物的坪數。一般房屋廣告的坪數多為建坪。

【土地權狀】：地政機關發出的土地所有權狀，載明所有權人、土地座落區段、地號、地目、面積、權狀範圍等訊息。

＊貸款

【寬限期】：銀行針對短期內手頭不便的客戶所推出的房貸方案，期間可以只繳利息，不還本金。

【優惠房貸】：目前有財政部「青年安心成家優惠購屋貸款」和內政部「整合住宅補貼資源實施方案」，銀行也會各自推案。

【指數型房貸】：一種適合受薪階級的房貸方案，利率以「定儲利率指數」＋「加碼利率」。

【二胎】：向銀行申請房貸後，又拿房屋做順位抵押設定，向第二家銀行貸款；二胎貸款因風險較高，利率也較貴。

【代書費】：地政士的任聘一般透過買方，且由其負擔費用，若雙方有協議，則從協議。

＊稅費

【房屋稅】：政府依房屋課稅現值為基準所課徵之稅賦；非住家用非營業用2%，營業用3%，住家用 1.2%。

【印花稅】：針對房屋和土地，房屋按評定現值千分之一，土地按公告現值千分之一。

【土地增值稅】：有鑑於土地增值是社會而非個人貢獻，政府針對土地所有權人在持有期間，因土地漲價所課徵的稅。

【財產交易所得稅】：❶ 以售屋的成交價（即買賣契約價），扣除房屋取得成本、房屋改良、以及移轉房屋所支付的費用後之餘額為所得額，若要採用此方式申報，最好在買賣屋時，將相關費用單據完整留存，作為報稅時列報扣除的憑證。

❷ 如果您沒有保留出售標的取得時的合約（須載明房屋價格），以及各項必須成本憑證，則可依照財政部各地區國稅局所擬定的標準，以房屋核定契價×政府認定所得比率申報所得。上述兩種方式，建議可先試算，選擇較優的方式申報。

【公告地價】：係政府每3年重新規定地價時，參考當年期土地現值、前一期公告地價、地方財政需要、社會經濟狀況及民眾負擔能力按法定程序評估，於1月1日公告，作為土地所有權人申報地價後據以課徵地價稅。

【公告土地現值】：於每年1月1日公告，作為土地移轉及設定典權時，申報土地現值的參考，並作為主管機關審核土地移轉現值之依據。

【重購退稅】：土地所有權人在2年內承買或出賣另一筆同性質土地，若購買土地價格超出原出賣土地價格減除土地增值稅，而產生買價不足時，得退還不足購買之差額，但以原繳納之土增稅稅額為限。

Part 5

留意三個細節，第一次賣屋就上手

從自家屋況決定出售管道，用舊屋完成你換新房的計畫

細節1

從賣屋立場，專任約和一般約哪個好？

並非人人都有條件自己賣屋，某些情況下，委託仲介業是更明智的抉擇。此外，要跟房仲簽專任約還是一般約呢？兩者的差別在第3章已介紹，現在我們改以賣方的立場，看兩種合約的優缺點，並分析哪類物件該選哪種合約。

▼這些情況下，還是委託給仲介吧！

如果有以下情形，建議把房子交給仲介公司來賣，可避免一些困擾：

❶無法隨時帶看，或對接電話詢問感到不勝其擾。

❷不擅長與人溝通，不曉得如何面對陌生人。

❸擔心日後房子有瑕疵會被騷擾，又找不到人居中協調。
❹對於處理稅務、與銀行交涉等事情感到恐懼。
❺當親戚、朋友知道你想賣屋且表示有興趣，而你實在不想賣他們時。

房仲公司可輕鬆處理上述困擾，扛起賣屋的瑣碎事宜，並協助你將心理負擔降至最低程度。

▼若選一般約，要小心別一屋二賣

一般約就像只取第一名的競賽，贏者全拿，為了不輸掉這場戰役，各家房仲會卯足全力帶看，畢竟看屋的人愈多，成交機率愈高；相對地，**房子很容易弄髒或受到損壞，且責任歸屬不易追究，最後可能變成無頭公案，由屋主自行吸收損失。**

此外，各家房仲收斡旋金的時間如果重疊，極可能發生一屋二賣的窘境。當各家收斡旋金的時間點很接近時，必須進行協調，**其方法通常是加價，價高者優先談。**須知收斡旋金還可協議，一旦轉成訂金，賣方若後悔就得賠款。

▼若選專任約，別忘了要求廣告程度

專任約是在某段期間內，將房子交給固定一家房仲公司來賣，因為是單品牌曝光，成交速度較慢，但仲介人員會對此屋有較高的關注和了解，在解說時更加深入，往往可以賣得較理想的價格。

為了縮短賣屋的時間，可要求與你簽署專任約的房仲公司，承諾做到更多的廣告露出，並羅列可提供的廣告形式和數量。總之，**你有權要求對方盡全力來照顧你的售屋案。**

▼物件愈具特殊性，愈適合專任約

在都會區裡，一般約比專任約受歡迎，主要是同區域的類似產品多，價格容易比較，屋主不必擔心價格失守得太離譜。

如果你的房子或土地是特殊產品，例如附有頂樓加蓋、有大露台、車位是子母雙車位、公寓卻有電梯、高樓層有良好景觀、大廈裡的樓中樓、透天獨棟別墅……，這類稀有產品需要被仔細介紹以賣到好價錢，這時專任約比較合適。另外，如果**不想被太多人知道賣屋訊息，或賣屋時屋內仍有昂貴家具但無法事先搬走，也建議選擇專任約，降低人跡雜沓的風險。**

細節2 為房子增值的六件事，一定要做！

賣房子是大工程，累積完美的微小細節，可讓大工程更加順利。你可以為房子盡一分力，讓成交變得容易。

行動1 了解市場行情，開價既有利又合理

房子究竟值多少市價，並非閉門造車就可以，觀察別人如何開價，加上自己的判斷，設法在「不離譜」和「有利可圖」之間尋求平衡點，達到買方可接受的最高價，這正是賣方追求的最高境界。

想知道市場行情，可循著幾點線索去了解：

❶**蒐集信箱裡的廣告傳單，看同社區或鄰近社區的成交行情**，然後將該物件與自己的住宅相比較，增減之後可找到最適合的行情。

❷**詢問管委會或管理員**，他們對社區的成交訊息較敏感，消息總在這裡流通。

❸**上自售網站和大型房仲的網站**，研究同地區物件的開價範圍。

❹**上法拍網瀏覽**，通常第一拍和市價相去不遠，第二拍八折，倒推回來就能知道房子的原價。

❺**打聽鄰近的預售屋行情，以50年折舊計算若是5年內的新成屋約打9折，10年內的中古屋打8折，若是國宅約，比同類非國宅少一至二成。**

如果你的房子是特殊物件，例如低公設的公寓頂樓含加蓋、有露台、有景觀的高樓層、樓中樓格局等，**或是較討喜的物件**，例如公寓2、3樓（不必爬太多樓梯），**開價時可根據一般行情，向上探一到兩成**，測試市場反應，倘若遇到能接受的消費者，或可締造行情的新高點。

行動2 提出想法，協助房仲找到介紹切入點

你的房子有多棒，不會有人比你更了解。如果你將賣屋事宜委託給房仲公司，記得帶領仲介仔細參觀一次你的家，跟他聊一聊你對這間房子的看法，給他一些靈感，他會更加了解如何在帶看時介紹這間好屋。

誠然每間房子有其不完美之處，**如果是顯而易見的缺點，不如坦然告知仲介，並說明當你住在這裡，用什麼方法和心態來克服這缺點。**將來面對看屋者的質問時，房仲會與你一樣坦然以對。

行動3 事先做些簡單的美化，增強價值

房子住久了不免有髒亂之處，例如電燈開關附近牆壁特別污黑、牆上有小朋友的蠟筆畫痕、牆角處常有小貓小狗的腳印……。如果時間允許不妨簡單粉刷一下，讓房子看起來清爽些；**如果是公寓，萬一樓梯間牆壁很髒，建議稍微粉刷，讓前來看屋的人留下好印象。**

■個人風格不宜太強烈，中規中矩最安全討喜

要特別提醒的是，很多年輕人喜歡風格強烈的裝潢，不時把房間漆上深藍、濃紫、鮮黃等色彩。當你為了賣屋重新粉刷時，建議選擇中規中矩的淡色系，這就像頭一次與交往對象的父母見面，不宜弄個龐克頭的道理是相同的。

此外，把窗戶玻璃擦亮、書架排列整理、清洗沙發椅套、將檯燈罩上的灰塵撢乾淨、不亮的燈泡換掉、放幾株綠色盆栽、清洗浴室的黴垢……，這些都能美化空間，營造舒適宜人的氛圍。

行動4 進行修繕，找有保固的公司來做

漏水屋，買方怕，賣方也怕，因為成交後誰也不想為了房子問題被打攪。在賣屋前如果發現漏水現象，不妨請仲介代為介紹，找保固公司進行修繕。完成之後，不僅要將收據妥善保存，還要在不動產說明書上做告知，讓買方知道「漏水問題已被解決」。

之所以找保固公司服務，是因對方從修繕完成日起，會提供一年保固期。**而賣屋後的180天是黃金保固期，賣方正好可將修繕風險技術性地轉移給保固公司，省去很多麻煩。**

行動5 展開帶看前，把敏感的東西先移除

若詢問看屋者「最怕看見什麼」，排行榜第一名鐵定是「主人家的祖先牌位」。陌生人進屋之後，很怕衝撞到別人家的祖先或神明，為了不讓看屋者有心理壓力，建議賣方先將祖先牌位和神明請到安穩的地方，亦避免祂們受到打擾。

此外，一些宗教氣息很濃厚的法器、畫像、經書最好先收起來，**別讓房子的宗教色彩太明顯，看屋者較不會心生畏懼，對賣屋絕對有利。**

行動6 提供承諾，必要時願做履約保證

許多買方，尤其是首次購屋者，總對買賣交易如履薄冰，畢竟這是人生大事，又牽涉著很大一筆錢。這時，**履約保證可讓對方安全感倍增**，賣方不妨提出「如有必要，願意偕同買方一起找建築經理公司做履約保證」，增加彼此的安全感。

如果是屋主自售，和買方協調找到彼此都認同的代書，也能提高成交的機率。

人人都喜歡「佔到便宜」的感覺，賣屋前一定要整理。

想讓自己的「好宅」速速賣出，當然要下點功夫！

花點小錢整理屋況，在視覺上美觀整齊，而且會讓買家感到「屋主很用心對待房子」，同時也讓他們不必再多花錢裝潢或打掃，省下一筆開銷，自然對物件有更好的印象，賣家也更有條件開出自己想要的價碼。

細節3

簽約交屋之際，賣方要注意的五件事

從簽約到交屋需經歷繁瑣的手續，為了讓賣屋順利，既維護自身的權利，又留下愉快的回憶，對於一些細節，建議事先進行了解。

注意1 約定房屋價金的付款方式和期限

買賣流程幾乎是固定的，因此賣方要仔細研究，並在過戶完成前，確保自己能拿到所有的房屋價金，**尤其是尾款何時兌現，這必須在契約上註明清楚**，且要確定代書在每個階段都予以落實。

如果賣方有銀行貸款，交屋當天一定要與原貸款銀行確認錢已還清並做塗銷，也與買方貸款銀行確認其餘款項多寡、是否已轉進賣方帳戶等。

注意2 事先詢問代書有關土地增值稅

當土地持有的時間愈久、持分比例愈大，所需繳納的土地增值稅就愈多。如果你賣的是老公寓或透天別墅，就得提前做好心理準備，甚至得額外準備一大筆錢等著繳稅。你可以請代書幫你計算，或是上財政部網站試算。

■土地增值稅優惠高，使用前謹慎為上

有關土地增值稅，每個人享有「一生一次」和「一生一屋」兩種優惠，必須先使用過前者，才可動用後者。由於土地增值稅可能高達20％、30％、40％，若使用優惠只需繳納10％；至於「一生一屋」規定在出售前的5年內，不得有出租和營業的事實。由於「一生一次」的標準較寬鬆，如果賣屋時發現土地增值稅不高，多數代書會建議賣方放棄行使這項權利，把這難得的機會留待日後使用。

注意3 重購退稅和奢侈稅，你搞清楚了嗎？

重購退稅是政府補貼換屋者的美意，**簽約買賣前一整年都未出租或供營業的自用宅，同一人只要先買後賣或先賣後買，且新購地價超出原地價，扣除土增稅後高於第一筆，前筆即可辦理退回，所得稅也可比照辦理。**詳情可查閱財政部稅務入口網，這是賣方的權益，別忽略。**但新購5年內都需當自用住宅，不然需補繳退稅。**

至於奢侈稅，從民國100年6月1日起，非自用住宅和土地如果持有未滿1年即轉手，會課成交價15%的奢侈稅；若不滿2年即轉手，會課成交價10%的奢侈稅。所謂持有時間，是從取得產權登記之日起，計算到訂定銷售契約之日止，賣方必須在訂定銷售契約後30天內主動申報，否則最高可處稅額3倍以上罰鍰。奢侈稅即將研議調整，買賣房屋的民眾要特別注意新版規定。另外，奢侈稅由於從嚴認定，因此，如果自用住宅內有公司登記或營業使用，一年內移轉也可能被課奢侈稅。

注意4 房地合一將上路，選擇申報財產交易所得稅要注意

政府規定，財產轉移時必須申報財產交易所得稅，可在隔年與個人綜合所得稅

時一併申報。財產交易所得稅的申報方式有兩種選擇：

❶ 以成交價減去取得成本、改良費、仲介費、稅費、移轉費等一切必要費用（需有單據證明），在報所得稅時，將賣屋所得餘額做列舉申報。

〔案例一〕

買入價500萬、賣出價400萬。400萬－500萬＝負數⬇雖然沒有賺錢，還是要申報。

〔案例二〕

買入價400萬、賣出價500萬、修繕改良費10萬、仲介費20萬、稅額15萬（以上支出需有單據），**若房地比8：2，公式為房屋評定現值／房屋評定現值＋土地公告現值。**⬇500萬－400萬－10萬－20萬－15萬＝55萬。55×$\frac{20}{100}$＝11。⬇表示須申報11萬所得。

❷ 以房屋核定契價×**出售房屋當年度「財產交易所得稅稅率」**＝認定所得。例如評定現值100萬的房子，當年認定所得是40％，則100萬×40％＝40萬，表示須申報40萬所得。

以往選擇第2種方式申報的人居多，如今進行實價登錄，**日後將以第一種為主**

流。不過，房地合一之後可能不再計算房地比，賦稅會更重，未來相關規定可持續注意。

注意5 合約寫得愈清楚，交屋時糾紛愈少

有關房屋價金、稅費、費用分攤明細等，代書都會算好給雙方過目，爭議不大，真正會出現糾紛的，反而是議價、簽約時的口頭承諾，萬一沒把約定寫進契約，交屋時雙方各說各話，僵持之餘，未必能圓滿收場。

■口說無憑，白紙黑字才能避免日後不糾紛

例如買方堅持賣方答應把電動鐵捲門修好，賣方卻說沒這回事；買方說賣方答應把分離式冷氣留下來，賣方卻說自己從未做此承諾；買方要求房子淨空交屋，賣方卻說電視櫃是裝潢的一部分無法拆除……。這些問題會導致交屋手續延宕，買賣雙方若不理性，往往淪為謾罵和指責，最後得由房仲或第三人出面協調，有時還鬧到對簿公堂。為了避免這種不愉快，切記：**請把合約寫得清清楚楚，才不會為交屋程序埋下地雷！**

不想委託仲介，先確認房屋的自售條件

比起買屋的喜氣歡騰，國人賣房子時普遍低調，尤其是購屋時家長提供資助的年輕人格外忌諱這個話題，擔心被旁人貼上敗家子的標籤；再者，**足以想見賣屋者手邊會出現一大筆錢，大肆宣揚可能引起親友前來借款或歹徒的覬覦**。為了保持低調和神秘，有些賣屋者乾脆放棄請仲介服務，改以自售的方式來處理賣屋事宜。

條件1 符合這4個不想委託房仲賣屋的主因嗎？

對賣方而言，不想委託房仲的主要原因有以下4項：

❶ **房屋座落在搶手地段**，不透過仲介，也能吸引許多有興趣的人前來看屋。

❷認為房仲收取成交價4％的**服務費太貴**，想省下這筆錢。

❸房仲業者會將物件刊登於公司網頁，或在自家店面櫥窗大做廣告，有些售屋者**不喜歡將事情弄得眾所周知**。

❹有些人因家族中有代書或會計師，對契約、稅務、銀行交涉等事宜有諮詢管道，**覺得有能力自行處理**。

條件2 這2大自售房屋常循的管道，對你來說可行嗎？

當你想要自售房屋，有2個便捷的管道可供嘗試：

❶**時代在改變，網路刊登比貼紅紙更快速便捷**：以往自售者習慣貼紅紙吸引人前來看屋，現在這麼做的人愈來愈少，逐漸被上網賣屋所取代。上網搜尋關鍵字「自售房屋」就能看到諸多網頁，例如591、奇集集等，只需付少許的錢，就可以刊登售屋訊息。

❷**社區管理員是不錯的牽線人**：如果住在大型社區，可將想賣屋的訊息告知管

理員和管委會，有時社區本身已有潛在的買主，喜歡這個社區的人也會前來打聽，這時便可接觸洽談。

條件3 給自售者的4點建議，再仔細考慮

別以為自行買屋才有風險，自行賣屋同樣要小心。以往常有買屋者在過戶之後就要賴不付尾款，甚至很快就將房子賣給善意第三人，讓買賣糾紛變得更加複雜。

以下幾項建議可為自售者增加保障：

❶ **注意安全問題**：帶看房屋時，請留意自身安全，不要因為是自己的房子就輕忽；不建議獨自與看屋者前往，最好有伴陪同。

❷ **找絕對可靠的代書**：要確認代書有無執照，可上內政部地政司網站，從編號查詢有無此人；如果買賣雙方對於代書人選沒有共識，建議找具公信力和知名度的房仲公司代書。

❸ **慎選安全地點洽談和簽約**：包括簽約用印和金錢交付，最好在辦公空間，若

有見證人更理想，且交付金錢須留下相關單據。

❹**做履約保證**：在正常流程裡，賣方還沒拿到全額屋款，房屋已完成過戶，因此建議和買方協議，一起做履約保證，由建築經理公司以第三人身分進行監管，等買方的尾款兌現後，才將本票予以歸還。

Part 6

避免八個常見糾紛，別讓新屋美夢變訴訟噩夢！

買屋途中停看聽，
七個方法讓你買得安心，住得開心！

案例1 花大錢買了停車位，停進去卻打不開門！

在都市裡買房子，對停車位總是又愛又恨，不買怕一位難求，買了又大傷荷包。停車位的價格和大小，帶給購屋者不少煩惱。

▼好火大！車位過於狹窄，只有紙片人才能用

我見過不少因購買停車位而與建商撕破臉的案例，價格高低是當初購買與否的考量，糾紛不算大，問題多半出在交屋後，發現停車位過於狹窄以致無法使用，這種情形俗稱為「縮水車位」。尤其是停車場有較多柱子和防火牆的社區，會把車位分隔成好幾區，當幾個停車格並列一排，且都停滿車子時，有的竟無法將車門打

開，或是開啟不到30度，再苗條也無法上下車。最後不得不與建商對簿公堂，請求車位重劃恢復應有大小，或退費、或減價，鬧得甚不愉快。

▼【對策】：要求試停，合約上要求保證車位大小

如果是購買新成屋或中古屋，買車位之前，**建議先要求試停**。如果是買預售屋，務必**看清楚位置圖**，少數車位被畫在樓梯或出入車道的下方，以致高度不足，這會造成日後使用上的困擾。誠實的建商和售屋人員應做事先提醒，而這類車位的價格也應較低才合理。必要時，可要求在契約上載明「**賣方保證車位高度達多少公尺以上，否則無條件解除合約**，買方不必負賠償責任」。

注意1 車位被灌入總坪數，形成低單價的假象

在北部買停車位，建商約以12坪計算，至於南部約8至9坪；若是豪宅建案，車位坪數可能更大，配額購買的車位甚至不只1個，其說法是：「客人來訪，主人

總得準備個停車位吧？」

以內政部營建署新修的停車位長寬來計算，5.5公尺×2.5公尺＝13.75平方公尺＝4.159坪，何來那麼多坪數呢？關鍵在於車道、機電空間與地下室使用空間。

■加上車位並沒有比較便宜！

近幾年來建商將車位和房子綁一起出售，藉以壓低房屋單價，營造「便宜賣」的印象。**當你將房子與車位價值分開來計算，問題就出現了**。例如房子50坪，車位12坪，總坪數62坪，總價4千1百萬，於是喊出每坪單價66萬。事實上，如果車位以300萬計算，房子每坪實際單價格是（4千1百萬－300萬）÷50坪＝76萬，與建商所喊的數字落差極大。

注意2 算一算，你到底花了多少錢買車位？

基本上，地下停車位所處的樓層愈低，售價和租金都愈便宜，平面車位則比機械車位來得貴。

以前述例子計算，若真如建商所言，每坪單價65萬，65萬×12坪＝780萬，光是車位就價值780萬！試想這樣合理嗎？當愈來愈多消費者向建商抱怨車位所佔坪數過多，業界又「發明」了新說詞：「買房子送車位！」以贈品為名，希望能杜悠悠眾口。

案例2 貸款未達預期成數，沒錢履約變成違約！

在我剛踏入房屋仲介這行不久，曾目睹一個很遺憾的案例，關鍵出在銀行放貸成數過低，導致買方無法籌足差額，而被沒收已繳款項。

▼好無奈！銀行評鑑後貸款成數未達預期，打碎成家夢

故事的主角是一對工薪階級夫婦，婚後省吃儉用好幾年，終於鼓起勇氣購屋。他們看上的是間中古屋，老公寓，坪數不大卻很溫馨，屋主開價也算合理；代書、房仲、銀行，三者都告訴這對夫妻，大概可貸到400萬左右。

算過每月需繳交的房貸，他們決定咬牙買下這間略超出自己預算的房子，畢竟

要養兒育女，有自己的房子比較好。

■無力籌款，只能含淚被沒收訂金！

從出價斡旋、轉訂金、簽約，一路都很順利。忽然銀行來了通電話，說聲抱歉，鑑價之後只能貸出320萬。如此一來，買方夫妻得在短時間之內多籌80萬，這遠遠超過他們的能力。

之前所交的款項已經是標會所得，家人親友都幫不上忙，當年信用貸款能貸到的額度低，利率卻很高，評估之後根本湊不出這筆錢。於是他們向房仲提出解約要求，希望取消交易，求屋主退還已付的100萬（訂金和簽約金）。

經由協調，賣方願意多寬限買方幾天去籌錢，但堅持依照合約走，如果不能履約，他有權沒收那100萬做為賠償。

▼【對策】：請於合約中加註「萬一房屋貸款成數不足……」

這個故事發生在多年以前，年輕的我非常同情買方，四處向前輩請教如何協助他們。不過從中我學習得知，房屋買賣合約屬於民事契約，以雙方合議為主，在不違法的情況下，雙方約定載明就算數。

因此我找來多位記者朋友，請他們幫忙發稿向大眾宣導，**務必在房屋買賣契約加註一條「若房屋貸款成數不到幾成，本合約無條件取消，買方不必負賠償責任，賣方同意將已收款項全額退還」。**希望這個亡羊補牢的動作，能讓買方無辜損失的案例減少一些。

▼當建商說「銀行不肯貸的部分我借你」

同樣的情況很容易出現在預售屋買賣中。這幾年，消費者在媒體和房仲的教導下學聰明了，懂得要求加註放貸成數的約定。同樣地，建商也想出辦法來應對，提出「萬一銀行貸不到八成，不足部分由建商借給買方」的措施。

■天下沒白吃的午餐！弄清楚建商同意借款的細節

通常我會建議買方先弄清楚「建商借給買方」的但書是什麼。是否需付為數不少的手續費和開戶費？這筆錢是否只借5年（房貸可貸15至30年不等）？利率是否高得驚人？還要盤算一下，自己有沒有能力在期限內歸還。

銀行放款成數多少受到央行政策影響，即使答應放貸八成，別忘了還有鑑價的動作。房屋價值受房地產景氣左右，有些代書、房仲或建商過度樂觀，認為與銀行關係良好、屋況完美、地段熱門，要貸到七、八成絕無問題，卻忽略了銀行鑑價可能不如預期，同樣是8成；1千萬的8成是800萬，900萬的八成卻只有720萬，兩者相差80萬，馬上出現資金缺口，這也是買屋時要考量的風險。

案例3 預售屋建商跑路，或是錢給了大半，拖拖拉拉交不了屋！

買預售屋，是買一個未知的夢想，充滿期待和挑戰性，加上購屋時不必立刻拿出大筆的自備款，因此很得年輕人的喜愛。多年來常聽到不同朋友說：「等房子一交屋我就要結婚了！」這時我的職業病就會跳出來，忍不住關心：「**你的買賣合約上有沒有註明何時交屋？到目前為止，每個工程期都準時嗎？……**」

▼好火大！訂婚前買的房子，孩子要上學了還沒蓋好

房地產是很龐大的產業，建商運作的金額遠超過一般老百姓的想像。我們辛苦攢錢買屋，覺得1、2千萬很多，對整個工地而言卻只是九牛一毛。消費者對抗建

商，就像小蝦米對抗大鯨魚，實力懸殊，這正是為何政府會出面制定「預售屋買賣定型化契約」的道理。

■ 房子進度建商說了算，買主有苦說不出

我的朋友在多年前房地產景氣時，訂了一戶預售屋，剛退伍的他已找到工作，打算不久後就求婚，2年後房子交屋正好結婚。誰料到之後全球經濟崩盤，台灣房市盪到谷底，很多建商周轉不靈。**當年沒有履約保證，房子蓋得快慢全掌握在建商手裡**，由於建案大，棟數和戶數都多，建商決定分批完工、陸續交屋，拖拖拉拉了好幾年，等房子到手時，他的女兒已經要上托兒所了。朋友的媽媽說：「幸好媳婦乖巧，沒吵著要等交屋再結婚，不然我兒子要多打好幾年光棍！」

▼【對策】：履約保證保障消費者，「建商跑路」糾紛降低

交屋延遲，這還不是最糟的際遇，在我們父執輩買屋的那個時代，常聽到建商跑路，一群消費者投訴無門的新聞。繳出大半生的積蓄，一心期盼著交屋，沒想到

工地忽然停擺，因為建商沒付錢給包商，包商沒錢給工人，大家都變成苦主，造成嚴重的社會問題，動輒得上台北陳情。

■合約不只保障消費者，也保障付出勞力的包商

民國100年5月1日起，政府規定建商銷售預售屋必須有履約保證機制，相關內容請參考第85頁的說明。依照規定，消費者購屋時，建商須與金融機構簽保證契約，**因任何原因無法如期交屋時，消費者可從金融機構處取回已交的房屋價金，包商要請領的工程款也不必擔心沒有著落。**

此外，建商也可與同業或公會取得連帶擔保，當建商無力完成建案時，得由其他建商接手完成，讓消費者可以依約取得房子。

案例4

屋主只准晚上看屋，過戶後卻發現……

現代人白天上班不方便請假，多數看屋活動集中在假日或晚上進行。屋主是上班族，假日又沒辦法休息，只能利用晚上看屋——這個說法合乎情理，鮮少有人會懷疑。然而對買屋者而言，步步為營是必要的，**當你聽到「只准晚上看屋」，就需要發揮聯想力，合理懷疑「莫非白天會看到不同情景？」**

▼好可怕！白天看屋，居然看見「另一個世界」

有位朋友之前相中位在郊區的房子，每次看屋都約在下班後，開車到那裡已八點多，房子很幽靜，裝潢也很新，如果買下幾乎不必花錢整修，讓他心動不已。每次去都覺得站在陽台吹風很舒服，心想要是在那裡擺張躺椅，不曉得有多享受。

■白天晚上風景不同，「夜總會」遙遙相對

眼看就要下斡旋金，準岳父問他：「房子採光如何？會不會西曬？」小倆口才驚覺：「為什麼我們從沒白天去看過!?」他打電話連繫屋主，表明想白天去看看，結果被拒絕了，理由是「工作忙碌，不允許請假」。小倆口不死心，自行跑去該社區，拜託管理員讓他們換證進去參觀，一上高樓層就發現，遠處綠蔭成林，林間錯落著大片墳場，看了一下方位，正好和客廳陽台相對，嚇得他們面面相覷，趕緊換證離開。

注意1 光天化日之下，你能看得更清楚

吃過這種虧的人不在少數。我的一位朋友喜歡住在市中心，在晚上看屋數次並簽約後，才發現頂樓有30支以上的基地台天線，氣得大罵仲介和屋主存心隱瞞，但也只能不了了之。

還有個朋友，她的小套房買在新店，搬進去一星期才發現，隔條街就是大型傳統市場，每天早晨的景象和晚上簡直有天壤之別，中午之前髒亂不堪，午後才會清掃恢復整潔。她只好自我安慰：「幸好我白天上班去了，眼不見為淨，假日也不上菜市場，乾脆自我催眠假裝沒這回事。」

注意2 晚上看屋，無法察覺採光是否良好

晚上看屋還有個特點，房子裡的燈光全部打亮，採光好不好就不會被注意到。很多買方交屋後才注意到，**房子在白天裡很陰暗，和晚上看屋的感覺差距很大**，這也是常發生的抱怨。

案例5

白天看起來是安靜社區，晚上卻成夜市？

相對於只准晚上看屋的風險，只准白天看屋的物件也可能暗藏玄機，有些地段愈夜愈美麗，喜歡單純家居生活的人得留意了。

▼好無奈！交屋後才曉得，每週有三天樓下是夜市

很多人喜歡逛夜市，但如果就住在夜市裡，你受得了嗎？我認識的一個朋友就這麼烏龍，他從美國公司調至台北時，帶著外國老婆和小寶寶，不想租房子便倉促買了間中古屋。兩次看屋都是白天去，大樓外觀很新，室內設計時尚，建材用得棒，地段又熱鬧，價格買得起，二話不說，很豪氣就買啦！

不曾晚上看屋，哪知道夜市就在我家

搬進去的第二天晚上，老婆打電話給他：「快回來，樓下發生怪事了，一堆人跑到馬路上辦園遊會！」他開車回家不禁傻眼，不是園遊會，是夜市！這麼大規模的夜市，到底是從哪冒出來的？原來他買的那棟大樓，就位在夜市邊上，站在陽台還能聞到烤香腸、麻油雞的味道……。

好無奈！白天是安靜社區，晚上竟暗藏春色

夜市雖然嘈雜，至少還有吃東西方便這個優點；如果你住在酒店、特種營業周邊，就令人不知如何安慰起了。

不曾晚上看屋，哪知道我家旁邊夜夜笙歌

我的朋友和姊姊一起買屋，是間位在林森北路巷弄裡的小房子。鄉下老爸覺得女孩子最好住在市中心，愈熱鬧的地方愈安全，仲介說這間房子鬧中取靜，實為好選擇。做為單身女子，姊妹倆頗有安全概念，絕不晚上和仲介去陌生地方，所以

每次看屋都利用白天。買下之後才知道，白天的安靜社區，一到夜晚就化身為慾望城市，光是同一條巷子裡就有好幾家酒店、PUB。搬進去不到三個月，還在電梯裡目睹兄弟前來向酒店小姐尋仇，嚇得兩姊妹丟下房子連夜搬走。

▼【對策】：多花時間，每個時段都去看看

從這些故事所得到的啟示是：**不要侷限在某個時段去看屋**，如果可能請多跑幾趟，上午、中午、晚上、晴天、雨天、假日……，都去看一看。你將發現房子在不同時段裡會呈現不同樣貌，除了屋況本身，**周邊店家、鄰居、環境、生態等，都是觀察的重點**，能幫助你更了解這間房子。

案例6

陽台上的白襯衫，為什麼經常髒髒的？

在英國賣房子，如果你有惡鄰，仲介會勸你加註清楚，讓新任屋主有心理準備：將來的鄰居可能不剷雪、不割草。國情不同，待遇差別很大，別說惡鄰，就算房子周邊就有嫌惡設施，如果買方不問，賣方就不提，以致發生許多事後糾紛。

▼好無奈！買新房子後，白襯衫都得送洗

有對夫妻，先生在新竹上班，太太在台北工作，於是折衷將房子買在桃園。夫妻倆是外地人，房子是委託仲介找的，位在巷子內的中古大樓，公設不到30％，價格划算，生活機能也不錯。

住家附近環境沒打聽清楚，後悔莫及

搬進去後，夫妻倆很納悶，房子並未緊鄰著大馬路，為何灰塵這麼多？晾在陽台上的白襯衫經常灰撲撲的，最後只好改成送洗。搭電梯時請教了左鄰右舍，才曉得附近就有工業區，空氣品質相對較差，對方一句「你們買的時候難道不曉得嗎？」，令他們火冒三丈，氣得打電話罵房仲不夠意思，沒有善盡告知義務。

注意 你的不在意，可能讓房子日後找不到新買主

一位相識不久的朋友告訴我，他家的廚房油煙排出孔正對著一座加油站。可能因為從小住在牛排館的樓上，他對油煙、瓦斯、爐火等早已免疫，根本不以為意，等要換屋時才發現問題大了，原來大多數人對於住在加油站旁是心懷恐懼的，甚至有人看屋時掉頭就走，態度很不友善。

事實上，包括加油站、高壓氣體分裝、瓦斯行等，都是買屋者的地雷，細心的人會事先詢問房仲和屋主；為避免日後糾紛，建議還是誠實以告。

▼【對策】：嫌惡設施人人厭，將來可能得加註

內政部擬修訂現行規範，希望透過立法規定在「不動產說明書應記載及不得記載事項」中，**若建物在一定範圍內有明確的嫌惡設施，須加註於不動產說明書中，可惜截至目前為止尚未通過。**

■ 多了解周邊環境，避免和嫌惡設施為鄰

因此，如果不希望買到的房子會看見公墓、殯儀館、變電所、焚化爐、垃圾掩埋場、煉油廠、加油站等設施，**除了主動詢問屋主和提醒房仲之外，騎著機車四處逛逛、上網查一下地圖和衛星圖、向鄰里長打聽等，都會有助於了解實況。**特別是墳墓，當屋主或房仲告訴你「將來會搬遷」，誰敢保證「將來」不會遙遙無期呢？如果在意，還是放棄吧！

案例7

誰都不想買出過事的房子！買到凶宅怎麼辦？

▼好火大！指明「不要死過人的房子」，卻把凶宅賣給我！

凶宅的定義，是指房屋內曾發生非自然身故，如他殺或自殺案件。照理說，這麼嚴重的事，**賣方和房仲有義務告知買方，然而房屋在轉了幾手之後，有時連賣方都不知道有這個記錄**；當新接手的屋主得知事情的經過後，一定會很憤怒，甚至連帶房仲一起告上法院。

■凶宅訴訟可能返還部分價金，但很少解約

在內政部公告的「不動產委託銷售契約書範本」中，附件「不動產標的現況說明書」裡有一條關於建物在賣方持有產權期間，「是否曾發生兇殺或自殺致死之情

事」，希望房仲業者在接受賣方委託時，勸其將房屋狀況據實以告，方便看屋者判斷要不要購買。

從以往的判例來看，法院也認同凶宅的價值會受到影響，如果證實賣方刻意隱瞞，**法院通常會判決返還一部分的房屋價金做為賠償，但很少有人真正達到解約目的，其理由是凶宅不會影響到居住者的居住安全。**

▼【對策】：「不要死過人的房子」，買新成屋較保險

撇開自殺和他殺不談，**如果有人在房子裡自然身故（如生病或壽終正寢），屋主其實是沒有告知義務的。**

我見過有些人很在意這種事，反覆叮嚀房仲「不要介紹死過人的房子給我」，通常**房仲只能儘量打聽，卻無法百分之百保證**；有的人甚至會請「厲害的老師」拿著羅盤一起去看屋，有些屋主會很不高興。這是個人價值觀，沒有對錯，**如果真的很介意，改買新成屋和預售屋會比較保險。**

案例8

遇到詐騙型房仲，只能自認倒楣？

▼好無奈！付了斡旋金之後，房仲竟然消失了！

你從家中信箱拿到過房屋仲介人員留的傳單嗎？上面寫著他在貴社區成交過幾戶、曾創下每坪多少單價的新記錄，讓你不禁聯想：如果我要賣屋，這個人選不錯！又或者，你曾在路上拿到房屋仲介人員的名片，殷勤詢問有沒有買屋或租屋的需求，並表示他對這一帶非常熟悉，歡迎您有需要請和他連繫。讓你產生了念頭：如果決定買屋，就打電話給他吧！

■已經離職還帶人看屋收款，根本詐騙！

曾聽業界的朋友說過，有人在信箱裡拿到房仲的傳單後，打電話詢問某個社區的房子，還留下詳細的個人資料，於是進入看屋階段。等相中某一間房子，付了斡旋金之後，仲介人員居然不見了，從此音訊全無。拿著他的名片去找仲介公司，才曉得這個人已離職好一段時間，他所帶看的房子，是之前偷留的鑰匙……。

注意 賣方、買方，都有可能是山寨版！

另一個故事在業界也很有名：南部某家仲介接到委託，替一位地主賣地，雙方打好合約，賣方也出示了證件和權狀。後來買方出現，由仲介陪同約在地主家門口，地主說：「家人很不諒解我要賣地，我們去外面談吧！比較不尷尬。」最後雙方看了地，相談甚歡也簽了約，買方還付了上千萬訂金，地主很阿沙力的從中把服務費算給仲介，然後約好下一次碰面時間。然後就……沒有然後了，因為地主是冒牌的，拿走上千萬之後就神隱了。

至於買方詐騙的案例，幾乎都是利用人頭戶，在買賣完成過戶後就不肯兌現尾款，還迅速將房子賣給善意第三人，最後只能進入法律程序。

▼【對策】：確保權益，簽約、付款最好在房仲公司進行

在前面我們談到「謹慎委託，別找到山寨仲介！」，教大家如何確認房仲公司的真偽。**在確立房仲公司的真實性之後，建議所有的簽約、付款、協商，最好都在該公司進行，且需有代書在場，絕不要買賣雙方私相授受，**只會增加彼此的風險。

即使不委託仲介，**建議還是找建築經理公司做履約保證，**這是防範任何一方蒙受損失的最好做法。

避免糾紛的最好辦法：多看、多花時間！

好不容易買了房，千萬別讓這些事前可預防的購買糾紛打壞心情！

以上這8種常見的購屋糾紛其實都可以避免，最主要的是自己不要被表面的美麗假象沖昏頭，買房子是一生的投資，多看不同物件做比較，勤快一些，每個時段都看屋，以及弄清自己付的錢到底值不值得；日後如果要出售，在第一次看房時就注意細節，避免首購族或一般購屋者常犯的錯誤，原本小而美的房子有很高的機會為你賺進一筆不小的財富！

結語

買賣房屋的價值，在人與人的互動，不只是金錢

記得剛入行的時候，從事營建業的叔叔就說：「女孩子走房地產會很辛苦。」當初我不以為忤，相熟的朋友都知道，我骨子裡就是個男生，不過隨著在業內得時間越久，漸漸的大概可以體會，叔叔講的是什麼。

房地產真的很辛苦，不只是女孩子，男生也一樣。雖然這幾年市場多頭，房產業的優渥待遇透過媒體強力放送，讓很多圈外人會覺得這行就是錢多，反而忽略了從業者的努力。而這行除了知識非常多，陷阱也非常多，往往不過就是漏了一個字，多寫一句話，一不留神傾家蕩產的例子也俯拾皆是。

▼當你夠懂的時候，性別就不是問題了

除了風險，也因為房地產是一般人生命中最大的一筆消費，加上交易經驗少，更容易因誤解產生糾紛。另外，這一行牽扯到的錢，都是大錢，自然會看到更多的人性陰暗面，這也許是很多人認為女性不適合房產的原因。在這個時代，我很幸運可以看到從建商、代銷，到仲介，都有讓我欽敬學習的成功女性典範，而她們一樣可以溫柔、優雅與美麗，其中最大的共同點，就是用實力證明「夠懂」，而「夠懂」除了能讓自己從容，更能贏得尊重，當然也不會有人傻到拿性別做文章了，也多虧這些女性先進的經驗，讓這條路可以更明確。

▼除了金錢，房地產包含了人情和義理

很多朋友會以為我是房仲經紀人出身，很遺憾，我並沒有做過一天業務（雖然我有不動產經紀人的證照）。

要補足這個缺口，不只透過住商夥伴與同業朋友的轉述，還有不時到市場扮演白目假客戶的體會，總算對產業有那麼些認知與理解。當然也謝謝公司給我的保護與支援，在這個安穩的環境，無須去處理些亂七八糟的怪事，少了生活磨折，可以有更多餘裕去咀嚼房產的箇中三味，而許多從業數十年的前輩，對於我這後生小輩也不吝指導，都是上天給我的疼愛，而我也期許這些知識與心得，若能讓消費者對房產有更多了解，那就是功德一件了。

畢竟，買賣房屋都應該有個美好回憶，不是嗎？

徐佳馨

理財通系列006

房市專家教你買一間會賺錢的房子(全新增訂版)

最受信賴的獵屋高手，教你「不後悔的買屋36招」，
買對房子，穩穩賺千萬！

作　　者	徐佳馨
總 編 輯	吳翠萍
主　　編	賴秉薇
封面設計	張天薪
內文排版	菩薩蠻數位文化有限公司

出版發行	采實文化事業股份有限公司
行銷企畫	陳佩宜・馮羿勳・黃于庭・蔡雨庭
業務發行	張世明・林踏欣・林坤蓉・王貞玉
國際版權	王俐雯・林冠妤
會計行政	王雅蕙・李韶婉
法律顧問	第一國際法律事務所　余淑杏律師
電子信箱	acme@acmebook.com.tw
采實官網	http://www.acmebook.com.tw
采實臉書	http://www.facebook.com/acmebook01

I S B N	978-986-9124-003
定　　價	300元
初版一刷	2014年11月13日
初版十一刷	2021年04月09日
劃撥帳號	50249912
劃撥戶名	核果文化事業有限公司
	104台北市中山區南京東路二段95號9樓
	電話：（02）2511-9798
	傳真：（02）2571-3298

國家圖書館出版品預行編目資料

房市專家教你買一間會賺錢的房子(全新增訂版)：最受信賴的獵屋高手，教你「不後悔的買屋36招」，買對房子，穩穩賺千萬！／徐佳馨著；－－初版.－－臺北市：核果文化,
民103.11　面；　公分. --（理財通系列；006）

ISBN　978-986-9124-00-3（平裝）

1.不動產　2.投資

554.89　　103021883

核果文化
CORE PUBLISHING